Generis

PUBLISHING

Le chrétien & le monde

« Ne vous conformez pas au monde présent »

Robert Somerville

CIP a Camerei Naționale a Cărții

Somerville, Robert.

Le chrétien & le monde : "Ne vous conformez pas au monde présent" / Robert Somerville. – Chișinău : Generis Publishing, 2020 (Print on demand). – 98 p.

ISBN 978-9975-3318-8-3.

27

S 68

Cover image: www.pixabay.com

Generis Publishing
Online orders: www.generis-publishing.com
Orders by email: info@generis-publishing.com

TABLE DES MATIÈRES

INTRODUCTION

Ne vous conformez pas au monde présent, mais soyez transformés par le renouvellement de votre intelligence, pour discerner quelle est la volonté de Dieu, ce qui est bien, ce qui lui est agréable, ce qui est parfait (Romains 12.2).

C'est cette exhortation de l'apôtre Paul aux chrétiens de Rome, qui sera le fil directeur de cet ouvrage. On pourrait lui donner comme sous-titre : « Du danger de se laisser modeler par la société ambiante : comment résister à son influence pour rester fidèles au Seigneur Jésus ».

Bien souvent, quand il est question du « monde » dans la Bible, le mot désigne simplement la création, le monde que Dieu a créé, parfois désigné par l'expression *le ciel et la terre*.

Le prophète Jérémie affirme en effet : *Le Seigneur a fondé la terre par sa puissance, il a fondé le monde par sa sagesse, il a étendu les cieux par son intelligence.* (Jérémie 10.1). Nous avons là un écho du livre la Genèse, qui dit : *Au commencement, Dieu créa le ciel et la terre* (Genèse 1.1).

C'est un élément central de la foi chrétienne. L'épître aux Hébreux déclare en effet : *C'est par la foi que nous comprenons que le monde a été formé par la parole de Dieu* (Hébreux 11.2).

La Bible affirme en outre que ce monde a été créé bon. Le premier chapitre de la Genèse se termine par les mots : *Dieu vit tout ce qu'il avait fait, et voici : c'était très bon,* ce que confirme l'apôtre Paul en écrivant : *Tout ce que Dieu a créé est bon et rien n'est à rejeter, pourvu qu'on le prenne avec actions de grâce* (1 Timothée 4.4).

À de nombreuses reprises, la Bible souligne la majesté et la beauté de la création divine, en particulier dans des louanges : Psaumes 8, 19.1-7, 104.24, tandis que d'autres passages soulignent la solidité, la permanence de la création divine : *le monde est ferme, il ne chancelle pas* (1 Chroniques 16.30 ; P ume 93.1, 96.10).

Dans d'autres passages, le mot « monde » se réfère plus spécifiquement à l'humanité, l'ensemble des humains, qui ont été créés à l'image de Dieu et jouissent donc d'un rapport particulier avec le Créateur. Cette humanité est incluse dans le jugement favorable que Dieu prononce sur sa création, ainsi selon Genèse 1.31 : *Dieu vit alors tout ce qu'il avait fait, et voici, c'était très bon.*

Il est donc normal que l'humanité soit objet de l'amour de Dieu, ainsi que l'affirme le Seigneur Jésus, dans Jean 3.16 : *Dieu a tant aimé le monde qu'il a donné son Fils unique, afin que quiconque croit en lui ne périsse pas, mais qu'il ait la vie éternelle.* De même Paul, en 2 Corinthiens 5.19 : *Dieu était en Christ, réconciliant le monde avec lui-même.*

Mais si « le monde », c'est-à-dire l'humanité, a besoin d'être réconciliée avec Dieu, c'est qu'elle s'est éloignée de Dieu, qu'elle s'est rebellée contre son Créateur. C'est bien ce que nous révèlent de nombreuses pages de la Bible, où le regard porté sur le monde est beaucoup moins serein, plus critique, plus inquiet.

Le monde est un milieu dans lequel le chrétien est appelé à vivre et dans lequel Dieu n'a plus de place ou une place subalterne, sans importance.

Dans ces passages, en effet le monde est présenté comme un danger pour les croyants, une menace pour leur foi. Quelques exemples suffisent à le montrer : *Dieu a convaincu de folie la sagesse du monde* (1 Corinthiens 1.20). *L'amour du monde est inimitié contre Dieu* (Jacques 4.4). *N'aimez pas le monde ni ce qui est dans le monde* (1 Jean 2.15). *Le monde entier gît au pouvoir du Mauvais* (1 Jean 5.19).

C'est surtout dans le Nouveau Testament, et principalement dans les textes johanniques que cette note d'avertissement se fait entendre. Elle n'est pas absente du premier Testament, où le Seigneur déclare par la bouche du prophète Esaïe: *Je punirai le monde pour sa méchanceté* (Esaïe 13.11).

Dans de tels passages, le mot monde ne désigne plus le ciel et la terre, le monde créé, mais l'humanité pécheresse révoltée contre Dieu, qui fait courir de graves dangers aux croyants en cherchant à les faire douter de la bonté divine et à les entraîner dans sa rébellion à l'égard de leur Seigneur. C'est cette conception-là du monde, que j'aimerais étudier dans cet ouvrage.

1. LE MONDE SELON LE NOUVEAU TESTAMENT

Un monde rebelle

L'histoire du monde ou, plus précisément de l'humanité, est déjà en germe dans la désobéissance de l'être humain à l'égard de son Créateur, telle que nous la dépeint le récit de la Genèse, au chapitre 3. Nous y voyons un être que Dieu a placé dans le jardin pour le cultiver et pour le garder, mais qui rejette l'autorité divine pour affirmer sa pleine indépendance. Refusant d'accepter sa condition de créature, entièrement dépendante de son Créateur, il prête l'oreille à la tentation : *Vous serez comme des dieux, connaissant le bien et le mal* (Genèse 3.5), autrement dit : « Vous êtes capables de décider ce qui est bien et mal. C'est à vous seul d'en juger. Vous n'avez pas de comptes à rendre à Dieu ».

L'humanité s'efforce donc de mener sa barque à sa guise. Quand il lui arrive (c'est souvent le cas) de voir le monde et sa vie échapper à son contrôle, elle consent à appeler Dieu à son secours, mais s'efforce de garder les commandes et ne renonce pas à son droit de tout arranger par elle-même.

Mais le caractère pécheur du monde, sa révolte contre Dieu, se manifeste principalement dans son refus d'accueillir Jésus-Christ, Parole de Dieu : *Elle était dans le monde, et le monde a été fait par elle, et le monde ne l'a pas reconnue* (Jean 1.10*). La lumière est venue dans le monde, et les hommes ont préféré les ténèbres plus que la lumière, parce que leurs œuvres étaient mauvaises* (Jean 3.19).

Jésus déclare à ceux qui refusent de l'écouter : *Vous êtes de ce monde ; moi, je ne suis pas du monde* (Jean 8.23). Ailleurs, Jésus déclare à ses disciples : *Ne vous étonnez pas si le monde vous hait* (1 Jean 2.13). *Si le monde vous hait, sachez qu'il m'a haï avant vous. Si vous étiez du monde, le monde aimerait ce qui est à lui ; mais parce que vous n'êtes pas du monde, et que je vous ai choisis du milieu du monde, le monde a de la haine pour vous...Celui qui a de la haine pour moi a aussi de la haine pour mon Père.* (Jean 15.18-19, 23).

Le terme « monde » désigne donc souvent, dans la Bible l'humanité rebelle à Dieu qui, en se détournant de son vrai Seigneur tombe régulièrement sous la domination de puissances hostiles qui l'asservissent et l'égarent. Le monde créé n'a pas participé à cette rébellion, mais il est affecté par la désobéissance des humains. L'apôtre Paul ne craint pas de dire, dans sa lettre aux Romains, *que la création a été soumise à la vanité, qu'elle soupire et souffre les douleurs de l'enfantement* et qu'elle *attend avec un ardent désir la révélation des fils de Dieu* (8.20-22).

Aujourd'hui encore, l'humanité continue à refuser l'autorité de Dieu et à revendiquer une pleine autonomie. Malheureusement, l'usage qu'elle fait de sa liberté l'entraîne dans toutes sortes de malheurs, de souffrances, de guerres et d'injustices.

Le mot monde désigne donc souvent *l'ensemble des hommes qui se refusent à Dieu et poursuivent le Christ et ses disciples de leur haine* (Note de la Bible de Jérusalem, sur Jean 1.10) ou *l'ensemble de ceux qui vivent dans le péché loin de Dieu et sont hostiles à la lumière divine venue les éclairer* (Version Segond révisée, dite Bible à la Colombe) ou encore *la vie de la société humaine organisée sous la puissance du mal*, comme l'écrit le théologien anglais C.H. Dodd.

Il n'est donc pas étonnant que le Nouveau Testament mette en garde les disciples du Christ contre l'influence du monde au milieu duquel ils vivent. Parce qu'il a rejeté l'autorité de Dieu, le monde est tombé sous la domination du diable *:* *le monde entier est au pouvoir du Malin* (1 Jean 5.19).

Celui-ci est à l'œuvre dans le monde et cherche à séduire les humains, à les entraîner dans le péché et les détourner de Dieu. Ainsi, dans Matthieu 18.7 (et le parallèle de Luc 17.1-2) : malheureux le monde qui cause tant de chutes.

Selon de nombreux textes bibliques, les humains sont au centre d'un conflit qui oppose Dieu à la puissance du diable, appelé *le prince de ce monde* (Jean 12.31). Cette expression ne se rencontre que dans le quatrième évangile, mais l'idée se retrouve ailleurs, comme dans le récit de la tentation de Jésus, dans les évangiles synoptiques selon Matthieu (4.8-9) et Luc (4. 5-7) : *Le diable l'emmena plus haut et lui montra en un instant tous les royaumes du monde et lui dit : je te donnerai tout ce pouvoir et la gloire de ces royaumes, car elle m'a été remise, et je la donne à qui je veux. Si donc tu te prosternes devant moi, elle sera toute à toi.*

C'est encore le cas dans le récit de la guérison d'un démoniaque, où Satan est présenté comme un homme fort, bien armé, qui défend ses biens, mais dont Jésus se rend vainqueur et qu'il dépouille de ses biens (Matthieu 12.22-30 ; M rc 3.20-27 ; Luc 11.15-23).

Le monde est donc une réalité dans laquelle le diable est à l'œuvre et cherche à étendre son pouvoir. Les disciples du Christ, comme les autres humains, sont exposés à l'influence de ce monde mauvais, qui cherche à les détourner de Dieu et les pousse à se soumettre à la volonté du diable.

Cependant, ils ne sont pas sans force devant les pièges du diable ; ils peuvent résister à son influence et contester son pouvoir. Jésus en effet a vaincu le Mauvais. Il est *l'Agneau de Dieu qui ôte le péché du monde* (Jean 1.29). Telle est la bonne nouvelle qu'atteste tout le Nouveau Testament.

La première épître de Jean déclare que *ce qui est du monde ne vient pas de Dieu* (2.16), mais c'est pour affirmer ensuite *que tout ce qui est né de Dieu est vainqueur du monde* (5.4). Elle ajoute un peu plus loin : *Nous savons que nous appartenons à Dieu, alors que le monde entier est au pouvoir du Malin* (5.19).

Ce verset fait écho à la prière de Jésus pour ses disciples au chapitre 17 de l'Evangile de Jean : *Ils ne sont pas du monde, comme moi je ne suis pas du monde. Je ne te prie pas de les ôter du monde mais de les garder du Malin* (Jean 17.14-16).

On retrouve la même idée sous la plume de l'apôtre Paul. Il déclare en effet que *le péché est entré dans le monde* (Romains 5.12), que *le monde entier sera reconnu coupable devant Dieu* (Romains 3.19 et 11.32). Ce monde tombe sous le jugement de Dieu parce qu'il refuse l'autorité divine et cherche à organiser sa vie sans Dieu, en se fondant sur sa propre sagesse et ses propres ressources.

Paul cherche donc à faire comprendre à ses correspondants qu'en dehors de Jésus-Christ, leur vie est soumise au pouvoir du péché, qui les aveugle et les empêche de recevoir l'Evangile de Jésus-Christ (1 Corinthiens 1.21 ; 2 Corinthiens 4.4). Du coup, ils suivent une sagesse qui s'oppose à celle de Dieu ; ils vivent d'une manière contraire à la volonté divine, dans le péché qui les tient en esclavage (Galates 4.3 ; Éphé ien 2.2).

Quand il parle du monde, Paul met plus particulièrement l'accent sur les façons de penser et d'agir qui découlent du rejet de Dieu et de son Fils. Il déclare que *le monde avec sa sagesse, n'a pas connu Dieu* (1 Corinthiens 1.21) et que *la sagesse de ce monde est une folie devant Dieu* (1 Corinthiens 3.19).

Si on se tourne vers l'épître de Jacques, on y trouve une mise en garde tout aussi nette contre le monde. Les croyants y sont exhortés à *se garder des souillures du monde* (1.27), *car l'amour du monde est inimitié contre Dieu. Celui qui veut être l'ami du monde se rend ennemi de Dieu* (4.4).

Dans d'autres passages du Nouveau Testament, où le mot monde n'apparaît pas, la même idée se retrouve, mais elle est exprimée par d'autres termes pratiquement synonymes.

Le premier de ces termes est celui de *siècle* (en grec *aiôn*). On ne le trouve pas chez Jean, mais à plusieurs reprises chez Paul, et en particulier dans le verset de l'épître aux Romains placé en tête de ce chapitre. Il n'indique pas simplement une durée (cent ans), mais « une période de temps définie par ses caractères saillants » (Note du « Dictionnaire culturel de la langue française »).

C'est ainsi qu'on parle du siècle des lumières ou d'un siècle barbare. Le sens du mot siècle est alors proche de ceux de civilisation ou de culture. Il évoque les idées et les mœurs qui marquent une époque donnée et tendent à imposer à chacun une pensée commune et une même manière de se comporter dans la société.

Malheureusement, dans une humanité qui s'est détournée de Dieu et qui rejette le Christ Parole de Dieu, cette pensée commune et cette façon de vivre sont faussées et portées au péché. Aussi Paul écrit-il aux Galates que *le Christ s'est donné pour nous afin de nous arracher au présent siècle mauvais* (Galates 1.4). En conséquence, il exhorte les chrétiens de Rome à changer de mentalité : *Ne vous conformez pas au siècle présent, mais soyez transformés par le renouvellement de l'intelligence, afin que vous discerniez la volonté de Dieu, ce qui est bon, agréable et parfait* (Romains 12.2).
Ce changement nécessaire est présenté comme une conversion, c'est-à-dire une rupture, un demi-tour, et même, une nouvelle naissance (2 Corinthiens 5.17 ;

Galates 6.15), qui permet à ceux qui ont cru en Christ de suivre *une sagesse qui n'est pas de ce siècle* (1 Corinthiens 2.6).

Cette autre sagesse est possible parce que le Seigneur Jésus-Christ s'est donné lui-même pour nous pécheurs, *afin de nous arracher au présent siècle mauvais selon le volonté de notre Dieu et Père* (Galates 1.4).

Il arrive pourtant que des chrétiens, qui ont reçu l'Evangile, s'en détournent parce qu'ils restent trop attachés à ce siècle. C'est ainsi que Paul s'attriste au sujet d'un de ses compagnons, Démas, qui l'a abandonné par amour pour le siècle présent (2 Timothée 4.9).

On notera au passage que dans la tradition catholique, le terme de *siècle* est parfois employé dans un sens plus restreint. Il désigne la vie humaine en dehors des communautés religieuses. La personne qui quitte un monastère ou un ordre religieux, est retournée dans le siècle.

Dans d'autres passages, Jésus et les apôtres font appel à une autre expression pour évoquer l'humanité hostile à Dieu. Ils parlent alors des *nations* ou des païens (*ethnè* en grec). On retrouve là le langage du premier Testament, qui n'utilise guère le terme de *monde*, pour désigner l'humanité rebelle à Dieu, mais parle plutôt des *nations*. Ce terme s'explique à la lumière de la vocation d'Israël, peuple élu pour faire la volonté de Dieu en pratiquant la justice et le droit (Genèse 18.19, Dt 4.5-8).

En agissant ainsi, le peuple de Dieu devait être une lumière pour les autres nations. Ces nations païennes sont l'objet de la colère de Dieu à cause des péchés auxquels elles se livrent, ainsi qu'à cause de leur hostilité au peuple de Dieu. Mais le principal grief que Dieu formule à leur égard, c'est la pratique de l'idolâtrie. Elles rendent un culte à des idoles, des choses de néant, des absurdités (2 Rois 17.15-17 ; Jérémie 10.8).

En outre, elles entraînent fréquemment les Israélites dans l'idolâtrie, ce qui les amène à se livrer à des abominations comme le crime, l'injustice, l'oppression des pauvres, les parjures, etc. (1 Rois 14.22-24) au lieu d'accomplir la justice et le droit. Le peuple élu en effet est constamment tenté d'imiter les nations voisines, souvent plus puissantes et plus prospères que lui.

C'est ainsi qu'il se tourne vers les divinités de la fertilité connues, comme les baals, dans l'espoir d'avoir de belles récoltes et de riches troupeaux, et qu'il attend son salut, face à ses ennemis, de sa puissance militaire ou de celle de tel ou tel empire voisin, avec lequel il peut nouer une alliance (Esaïe 30.1-2). Israël est ainsi porté à se conformer aux usages et aux mœurs des peuples voisins, négligeant la Loi de Dieu.

Parallèlement, les rois, les prêtres, les grands en Israël ont modelé leur comportement sur celui des chefs des autres nations, malgré les avertissements de Samuel quand le peuple a réclamé un roi (1 Samuel 8.12-22). De fait, les détenteurs de l'autorité en Israël ont régulièrement abusé de leur pouvoir, trompé le peuple dans leur intérêt à eux, violé le droit des faibles, usé de force et de violence.

Les livres des prophètes abondent en condamnations de ce type de comportement, par exemple: Esaïe 1.10-17 et 5.8.10 ; Jérémie 5.1-5 et 7.1-11 ; Ezéchiel 13.1-16 ; O ée 4.1-10 ; Amo 2.4-8 et 5.10-15, etc.

Pour éviter au peuple élu de subir la contagion des nations païennes, de nombreux textes de la Loi limitaient sérieusement les relations que pouvaient avoir les Juifs avec les peuples voisins païens. C'était le cas des règles de pureté alimentaire comme de l'interdiction de mariages avec les femmes étrangères.

L'infidélité fondamentale du peuple d'Israël, à la racine de toutes les autres, était l'idolâtrie, l'attachement à d'autres dieux que le Seigneur, qui avait libéré son peuple de l'esclavage en Égypte et lui avait donné son alliance. L'idolâtrie est toujours une violation de cette alliance fondatrice, qui exige de la part du peuple élu une fidélité sans partage à l'Éternel.

Le monde dont les chrétiens doivent se garder est donc le monde païen, avec son orgueil, son manque de sagesse et ses idoles. D'où les mises en garde des apôtres contre les comportements des païens au milieu desquels ils vivent.

C'est ainsi que Paul écrit à ses correspondants : *Quand vous étiez païens, vous étiez entraînés vers les idoles muettes* (1 Corinthiens 12.2), *vous agissiez comme les païens qui ne connaissent pas Dieu* (1 Thessaloniciens 4.5), mais en croyant en Jésus-Christ, *vous vous êtes tournés vers Dieu en vous détournant des idoles pour servir le Dieu vivant et vrai* (1 Thessaloniciens 1.9), c'est pourquoi, vous ne devez plus vivre comme les païens, qui suivent leurs pensées vides de sens.

Ils ont en effet, *l'intelligence obscurcie et sont étrangers à la vie que Dieu donne, à cause de l'ignorance qui est en eux et qui provient de l'endurcissement de leur cœur. Ayant perdu tout sens moral, ils se sont livrés à l'inconduite pour se jeter avec frénésie dans toutes sortes de vices* (Ephésiens 4.17-19).

D'autres passages encore invitent les disciples du Christ à ne pas se comporter à la manière des païens. On en trouve dans la bouche de Jésus, selon les évangiles : à propos de l'attachement à l'argent : *ces choses-là, ce sont les païens qui les recherchent* (Matthieu 6.32) ou au pouvoir : *vous savez que ceux qu'on regarde comme les chefs des nations les tyrannisent et que les grands abusent de leur pouvoir sur elles. Il n'en est pas de même parmi vous* (Matthieu 20.25-26).

Parallèlement, dans la première épître de Pierre (1.14, 18, 2.1, 2.11-12, par exemple) il est question des changements qui se produisent dans la vie de ceux qui se sont convertis à Jésus-Christ : *Vous avez été rachetés de la vaine manière de vivre héritée de vos pères* (1.18) ; *rejetez donc toute méchanceté et toute fraude, l'hypocrisie l'envie et toute médisance* (2.1),…*afin de vivre, non plus selon les convoitises humaines, mais selon la volonté de Dieu* (4.2).

Dans d'autres passage encore, c'est simplement ce qui est humain qui s'oppose à ce qui vient de Dieu. C'est ainsi que Jésus reprend sévèrement Pierre, qui refuse l'idée de la croix : *Arrière de moi, Satan ! Tu es pour moi un scandale, car tes pensées ne sont pas celles de Dieu, mais celle des hommes* (Matthieu 16.23).

Il convient aussi de signaler un thème qui revient à plusieurs reprises dans le Nouveau Testament et qui confirme que les disciples du Christ ne peuvent vivre à la manière des autres humains, c'est-à-dire du monde. C'est celui du pèlerinage des chrétiens sur cette terre. Leur séjour dans ce monde est un exil provisoire. Ils y sont des étrangers, des voyageurs (Hébreux 11.13 ; 1 Pierre 2.11), c r il   ont citoyens des cieux (Philippiens 3.20).

Leur vie terrestre est un pèlerinage vers leur vraie demeure, qui est le Royaume de Dieu. Il ne doivent donc pas s'installer dans le monde présent, ni se conformer à ses idées et ses valeurs, mais au contraire garder un regard critique sur la société humaine, dans la mesure où celle-ci cherche à s'organiser sans Dieu et, à cause de cela, se condamne à tomber sous la puissance du mal.

En tant qu'étrangers dans le monde, les chrétiens sont amenés à pratiquer un genre de vie qui se distingue de celle qui a cours dans la société où ils vivent. Cela se voit de façon nette lorsque cette société s'est construite sans référence à la foi chrétienne ou même en opposition au christianisme. C'est le cas lorsque des missionnaires annoncent l'Evangile dans des pays dont la culture est largement influencée par une autre religion, comme l'Islam, le Bouddhisme ou l'Hindouisme. C'est également le cas de pays fortement influencés par le marxisme, comme Cuba ou la Corée du Nord au début du XXIe siècle.

Mais c'est aussi largement vrai des pays occidentaux, de tradition chrétienne, où règne le culte du corps, du plaisir, de la réussite financière, de la consommation. Dans un pays comme la France où la liberté religieuse et le libre exercice des cultes sont inscrits dans la loi, il peut arriver que les chrétiens ne puissent faire entendre leur voix.

Dans les médias en particulier, l'expression de la foi chrétienne est cantonnée dans la tranche horaire du dimanche matin réservée aux religions. Dans les autres émissions, surtout aux heures de grande écoute, il est rare que l'on donne la parole aux chrétiens. Cela est moins dû à une volonté délibérée d'exclure ou de dénigrer la foi chrétienne, mais plutôt à l'ignorance de beaucoup de journalistes et d'animateurs et à leur peur de faire des vagues La foi chrétienne ne fait pas partie de leur univers quotidien. Il se produit une sorte de censure qui écarte tout ce qui n'est pas assez populaire, qui n'est pas l'objet d'un consensus. C'est bien le cas des religions ; c'est pourquoi on les cantonne dans le domaine privé.

Un monde mauvais

Ce n'est pas par volonté de dénigrer l'humanité qui tend à bannir Dieu de ses espoirs et de ses projets ou ne lui laisse qu'une toute petite place, que les chrétiens persistent à dire que le monde, c'est-à-dire la société humaine organisée, est mauvais.

Il suffit pour s'en convaincre de lire les journaux ou d'écouter les informations qui diffusent radios ou télévisions, ou encore de lire n'importe quel ouvrage sur l'histoire de l'humanité, pleine de guerres, de violences, de mensonges et d'exploitation des faibles, pour se convaincre que le monde des humains est rempli de bruit et de fureur.

Le poète latin Plaute en tirait la conclusion que l'homme est un loup pour l'homme. De même le grand poète français du XIXe siècle, Charles Baudelaire, dans son poème « le voyage » tire-t-il la conclusion de ce qu'il a pu observer partout où il est allé : *Nous avons vu partout et sans l'avoir cherché, du haut jusques en bas de l'échelle fatale, le spectacle ennuyeux de l'immortel péché.*

Plus près de nous, un observateur des affaires humaines constate : *Il est impossible de parcourir une gazette quelconque, de n'importe quel jour, ou quel mois, ou quelle année, sans y trouver à chaque ligne les signes de la perversité humaine la plus épouvantable, en même temps que les vanteries les plus surprenantes de probité, de bonté, de charité, et les affirmations les plus effrontées relatives au progrès et à la civilisation.*

On peut juger que c'est là faire preuve d'un pessimisme excessif. Mais chacun d'entre nous est confronté aux réalités incontournables et douloureuses que mentionnent tous les jours et dans toutes les nations, les journaux, la radio ou la télévision. Chacun de nous est constamment informé de multiples exemples de violence, d'injustice, de tromperie, de corruption.

Comment ne pas s'inquiéter en effet devant les multiples faits de violence contre les personnes dont nos journaux se font quotidiennement l'écho (guerres, attentats, viols, femmes et enfants battus) ? Ou devant l'impuissance des gouvernements à vaincre des maux comme le chômage ou la délinquance ? Ou devant les exemples de corruption, de la part de personnes haut placées dans la politique ou le monde des affaires ? Ou encore devant la destruction de l'environnement, l'épuisement des ressources naturelles, le réchauffement climatique qui risque d'entraîner des catastrophes écologiques ?

Ou encore devant les criantes inégalités et leurs graves conséquences dans le domaine de la santé (en 2002, mortalité infantile : 170 pour mille au Sierra Leone, 5 pour mille en Suède), dans l'accès à l'éducation (taux d'alphabétisation : 24 % en Somalie, 99% en Belgique), dans la distribution des richesses (d'un côté des salaires vertigineux et un gaspillage spectaculaire, de l'autre la misère qui pousse des milliers d'hommes à quitter leur pays et leur famille et à prendre des risques considérables pour émigrer dans les pays où règne l'abondance).

Beaucoup avaient espéré que les progrès de la science et de la démocratie, et surtout l'accès à l'éducation pour tous, entraîneraient de grands progrès dans le comportement des humains. Victor Hugo déclarait au XIXe siècle : *Ouvrez une école et vous fermerez une prison.*

On a ouvert des écoles dans tous les pays ou presque, mais dans beaucoup d'entre eux, on a dû construire de nouvelles prisons devant l'étendue et souvent l'augmentation de la délinquance. Les violences de nos banlieues en sont la triste illustration.

Malgré les progrès incontestables qu'a accompli l'humanité, au cours des derniers siècles en particulier, on rencontre, dans tous les milieux, un sentiment d'insatisfaction profonde, une frustration devant des attentes déçues, des promesses non tenues. Je me contenterai ici de citer quelques penseurs du monde contemporain, qui ne cherchent pas à défendre une position chrétienne, mais tirent de leurs observations une conclusion incontestable.

Le sociologue, Jean Fourastier, parlant des XIXe et XXe siècles a écrit : *Le grand espoir était d'ordre économique. Il était de sortir l'humanité de la misère... Le grand échec, c'est qu'il était plus ou moins implicitement prévu par nos ancêtres que la réalisation de ce grand espoir économique engendrerait automatiquement une société heureuse, apporterait le bonheur aux hommes. Or, de partout, on voit surgir des problèmes graves dans cette société riche... Plus d'efficacité, plus d'autonomie, plus de pouvoir sur la nature, mais, semble-t-il, pas plus de bonheur* (Note : « Le long chemin des hommes »,).

Un autre sociologue, Georges Friedmann, souligne *la disproportion croissante entre, d'une part, la puissance multiforme (« cette immense puissance développée sans contrôle moral ») que le progrès confère à l'homme et, d'autre part, « les forces morales dont l'homme dispose pour le mettre pleinement au service de l'individu et de la société* (Note : Georges Friedmann : « La puissance et la sagesse »).

Parallèlement, un officier de police, Jacques Lantier, constate que *la naissance prodigieuse d'un monde nouveau ne s'est pas accompagnée d'une amélioration de la qualité des rapports humains* (Note : « Le temps des policiers », Fayard 1970, p. 18).

Lorsque la foi chrétienne déclare que « le monde » est mauvais, elle ne dénigre pas les progrès réalisés dans la maîtrise de la création. Elle ne méprise pas les efforts et les réussites des humains pour vaincre la misère, la maladie, les injustices. Mais elle s'afflige de leur insuffisance, qui n'est pas due à une insuffisance de moyens, mais un manque de sagesse et surtout d'amour. De là vient l'incapacité humaine à construire un monde juste et fraternel, les comportements trop souvent incohérents, sinon contradictoires, des humains.

De tels échecs révèlent d'une manière évidente que la bonne volonté et le savoir ne suffisent pas à libérer les humains des forces mauvaises, égoïstes, qui gâchent ses meilleurs efforts pour plus de justice, de liberté ou de paix.

Je ne cherche pas à noircir le monde contemporain. Je ne prends pas plaisir à insister sur ses échecs et ses faiblesses Je suis heureux de vivre au XXIe siècle, dans une société d'abondance, dans un pays de droit et dans un temps de paix. Mais je ne peux pas fermer les yeux sur les contradictions, les injustices, les violences qui continuent à empoisonner la communauté humaine.

Les gouvernements, mais aussi différentes institutions humaines et de nombreux individus ont conscience de la nécessité et de l'urgence de porter remède à ces maux qui affligent le monde. Mais trop souvent ces efforts s'épuisent et butent devant les obstacles à surmonter. Les difficultés peuvent être d'ordre technique, financier, politique, social.

Mais, en fin de compte, le problème ne se situe pas tant au niveau des moyens que des mentalités. Un grand nombre de maux de la société ne persistent que parce que la mentalité d'un grand nombre d'hommes et de femmes les accepte, quand elle ne les encourage pas. La simple honnêteté nous oblige à reconnaître que le mal n'est pas simplement en dehors de nous, chez les autres, dans les institutions, des lois injustes ou inadaptées, dans un défaut d'information, mais bien en nous, dans nos mentalités.

Le cas des accidents de la route nous fournit une bonne illustration de cette vérité. Les médias et les gouvernements s'inquiètent à juste titre du grand nombre de morts dans des accidents de la route en France chaque année, un nombre proportionnellement plus élevé que dans la plupart des autres pays d'Europe de l'ouest. Pourtant, le réseau routier français est un des meilleurs du continent. Depuis quelques années, les autorités s'efforcent de faire baisser la mortalité routière par des campagnes de sensibilisation, un renforcement des limitations de vitesse, des radars pour les faire respecter. Ces efforts commencent à porter des fruits.

Tout cela est bon, mais insuffisant. Un directeur d'auto- école le souligne, *la conduite automobile échappera difficilement au comportement habituel des gens, dont elle est un reflet. Il s'agit davantage d'éducation que de sécurité routière…Ce sont avant tout les mentalités qui doivent changer : l'esprit de partage, de respect, de tolérance, d'attention à l'autre, toutes choses qui ne sont pas très pratiquées dans notre société… Nous vivons dans une société qui cultive l'individualisme. Or, qui dit individualisme dit égoïsme, repli sur soi. Sur la route comme dans la vie, beaucoup de gens ont du mal à accepter l'autre.*

L On a en effet l'impression que beaucoup viennent à l'auto-école pour « chercher le permis », et non pour apprendre à conduire » (Note : « Regards d'espérance », Carhaix 2005). L'automobile est en effet l'exemple même de la nouvelle puissance que la science a mise à la disposition des humains. Mais elle ne leur a pas donné la sagesse nécessaire pour qu'ils se gardent de tout mauvais usage.

On ne peut que reconnaître qu'il y a quelque chose de faussé dans la société humaine, tout comme dans le cœur des humains. La psychologie, depuis Freud, nous a fait comprendre que l'être humain est pétri de contradictions, que le mal se glisse jusque dans sa bonne volonté. Un proverbe ne dit-il pas que *l'enfer est pavé de bonnes intentions* ?

Nos comportements ne sont pas déterminés uniquement par la raison, mais aussi par des pulsions inconscientes, par des peurs, des passions et des mobiles plus ou moins intéressés. Malheureusement, la raison n'arrive pas à contrôler ces pulsions.

Depuis longtemps les œuvres littéraires les plus fortes attestent que le bien et le mal sont étroitement liés dans les individus comme dans les sociétés humaines. Elles illustrent cette vérité que l'humanité reste le lieu d'un conflit entre la raison et la bonne volonté, d'une part, et des passions inconscientes et incontrôlables de l'autre.

Comme l'a écrit Paul Tournier, (« Face à la souffrance », Genève, Labor & Fides, 1982) : *On découvre que le mal est partout, qu'il s'insinue même dans nos actions les plus nobles. Que d'égoïsme peut se cacher dans l'amour, qui le rend tyrannique ; que d'orgueil dans les bonnes œuvres ; que de haine dans les luttes politiques et sociales les plus généreuses. ..Non ? Le mal est partout, mélangé au bien, c'est ce que proclame la Bible et que confirme l'expérience.*

Ce mal, la Bible l'appelle le péché. C'est un mot qui hérisse la plupart de nos contemporains. On l'associe à la culpabilité, la répression, le refus de tout plaisir C'est ce que déclarait un homme cité par Jacques Duquesne, dans son livre « Dieu pour l'homme d'aujourd'hui » : *J'ai été élevé dans l'idée que tout ce qui est bon, de la paresse à la tarte aux fraises, est un péché... Il ajoutait : C'est de l'anti-vie.*

Pour la Bible, au contraire, le péché, c'est ce qui détruit la vie, ce qui blesse la confiance et l'amour, qui donnent son prix à la vie. Il ne se limite pas à quelques actions mauvaises, des infractions à la loi humaine ou divine. Nos fautes ne sont en réalité que des symptômes d'un mal plus profond, notre rupture avec Dieu, notre prétention à être les seuls maîtres de notre vie, notre volonté de faire les choses à notre guise. Le mal ne se limite pas à certains actes. Il est dans le cœur humain.

Ceci confirme que la guérison ne peut venir simplement de nouvelles lois ou d'un enseignement mieux adapté ; elle dem nde un ch ngement de ment lité. C'est justement à cela que le Christ et ses apôtres appellent les humains.

Le salut n'est pas dans la fuite

Dans un monde rebelle à Dieu et soumis au pouvoir de Satan, on peut penser qu'il est impossible au chrétien sincère de résister à l'influence que le monde exerce sur lui et qui concerne toute sa façon de penser et d'agir, l'entraînant dans la désobéissance à Dieu. L'apôtre Paul reconnaît la justesse du proverbe : *Les mauvaises compagnies corrompent les bonnes moeurs* (1 Corinthiens 15.33). La seule chose à faire n'est-elle pas alors de fuir ce monde mauvais, de s'en séparer radicalement pour trouver des lieux où les fidèles peuvent être protégés des tentations et des séductions inévitables dans la société humaine ?

Très tôt dans l'histoire de l'Eglise, certains ont éprouvé ce désir de vivre à l'écart du monde mauvais pour se créer un autre monde, libéré de la contagion du péché. Mais c'est surtout à partir du IIIe siècle qu'un courant de rupture radicale avec la société humaine est apparu. Il s'est d'abord manifesté sur le mode individuel, lorsque des hommes se sont retirés dans des lieux déserts, donc à l'écart du monde habité, pour vivre en ermites. Saint Antoine le Grand en est l'exemple le plus connu et le modèle.

Mais ce mouvement de rupture avec le monde a trop souvent entraîné un autre asservissement, comparable à celui des pharisiens : le sentiment de supériorité, qui conduit au mépris de ceux qui restent dans le monde.

On notera qu'en réalité le mot *moine* vient du grec *monos* qui veut dire seul. Mais le terme en est venu à désigner principalement des religieux qui forment des communautés, les monastères, tandis que le solitaire est plus souvent appelé *ermite*, du mot grec pour *désert*.

Dans les communautés monastiques, les moines se soumettent à une règle commune, sous l'autorité d'un abbé, afin de mieux se protéger des tentations du monde, en faisant le choix d'un ascétisme inspiré de l'exemple de Jésus qui a vécu dans la pauvreté et dans le célibat.

Deux textes de l'Evangile ont particulièrement inspiré ce mouvement de recherche de la perfection : *il y en a qui se sont rendus eunuques à cause du Royaume des cieux* (Matthieu 19.12) (d'où le choix du célibat et de la chasteté) et *si tu veux être parfait, va, vends tout ce que tu possèdes, et donne-le au pauvre, et tu auras un trésor dans les cieux, puis viens et suis-moi* (Matthieu 19.31) (d'où le choix de la pauvreté, du renoncement aux biens de ce monde).

On peut parler dans ce cas de séparation sociale et géographique. On retrouve d'ailleurs le même phénomène dans d'autres religions comme le judaïsme (communauté de Qumran près de la mer Morte) ou le bouddhisme.

Au sein du christianisme, le monachisme s'est principalement développé dans le catholicisme et l'orthodoxie, beaucoup moins dans les Eglises issues de la

Réforme. Mais le souci de se tenir à l'écart du monde n'en est pas absent. Il s'est manifesté sous la forme de communautés fermées, veillant à bien marquer la séparation entre l'Eglise et le monde et à maintenir en dehors de l'Eglise tout ce qui est du monde.

On peut alors parler d'Eglises-citadelles, dont le rôle consiste à protéger les fidèles du monde extérieur. L'Eglise devient un lieu de refuge contre les influences du monde ambiant. Les chrétiens sont constamment exhortés à garder la pureté de la foi et de la vie en s'abstenant de tout ce qui est « mondain », que ce soit les idées ou les comportements. Cela conduit parfois certaines Eglises à demander à leurs membres de rompre toute relation avec les « inconvertis », si bien que la vie sociale (repas, amitiés, collaboration dans le travail, etc.) reste limitée aux relations avec les « frères ».

Parallèlement, il n'est pas question que les chrétiens participent aux affaires de la cité terrestre et y exercent des fonctions politiques. Pour veiller à ce que ses membres ne succombent pas à la contagion du monde, les responsables de la communauté doivent exercer sur eux une surveillance attentive, afin de les aider à préserver la pureté de la foi et du comportement.

Le souci de rappeler ce qui distingue l'Eglise de Jésus-Christ du monde et d'éviter la contagion n'est pas sans fondement. Comme nous l'avons vu (au chapitre premier), bien des textes du Nouveau Testament mettent en garde les disciples du Christ contre un simple conformisme à la société dans laquelle ils vivent.

Pour aider les chrétiens et surtout les plus faibles d'entre eux à résister aux influences du monde, il n'est pas inutile de leur donner des repères et de tracer des limites protectrices. D'autre part, les disciples du Christ ont besoin de se ménager des moments de retraite, hors du bruit et de l'agitation du monde, afin de consacrer davantage de temps et d'attention à la prière et à l'écoute de la Parole de Dieu.

Une discipline personnelle avec le soutien d'une communauté qui se consacre à la prière et à l'écoute de la Parole de Dieu peut sans aucun doute aider la croissance de personnalités chrétiennesde premier plan. Certains chrétiens ont ainsi trouvé dans une séparation radicale d'avec le monde une aide qui leur a permis de grandir dans la foi et de mieux servir leur Seigneur.

Cependant, il me paraît difficile de faire de la fuite hors du monde ou du repli sur l'Eglise-ghetto, la forme normale et permanente de l'obéissance à Jésus-Christ. De telles solutions me paraissent difficilement justifiables à la lumière de l'Ecriture et cela pour plusieurs raisons.

J'ai sous les yeux une coupure de presse, qui signale le cas d'un homme qui a cru pouvoir fuir le monde en entrant dans une communauté religieuse qui lui a confié des enfants à éduquer. Mais il n'a pas pu résister à la tentation de profiter de son autorité pour satisfaire son désir sexuel.

Une première raison qui nous met en garde contre la tentation de fuir hors du monde est dans le fait que le monde n'est pas limité à certains lieux et certains moments. Il n'existe pas sur la terre de lieu parfaitement abrité de l'influence du monde ambiant.

Celui qui cherche refuge dans le désert ou dans une communauté de purs y apporte avec lui une grande partie de ce qui constitue son univers mental, en particulier, l'éducation qu'il a reçue, mais aussi son caractère avec ses faiblesses, ses aspirations et ses mobiles inconscients.

Le monde n'est pas seulement en dehors de nous. Il est en nous. Il n'est autre que ce que Paul appelait le vieil homme (Romains 6.6 ; Ephé ien 4.22 ; Colossiens 3.9). Notre *vieil homme* (notre personnalité profondément marquée par le monde dans lequel nous vivons) ne disparaît pas quand nous ne sommes plus sous l'influence directe du monde extérieur. Luther l'avait bien compris, quand il écrivait : *Je croyais avoir noyé le vieil homme. L'animal, il a appris à nager.*

Un grand nombre de moines sont partis au désert pour y trouver un refuge contre les tentations de la « chair », c'est-à-dire le désir sexuel, la femme étant à leur yeux la tentatrice par excellence. Mais ils se sont aperçus que, dans la solitude, loin de toute présence féminine, ils n'étaient pas à l'abri de la concupiscence, mais au contraire hantés par des fantasmes à caractère sexuel.

Par ailleurs, la vie en communauté soutenue par des règles de piété peut susciter d'autres formes de pensées et de comportements qu'il faut bien qualifier de « mondains », en particulier l'orgueil, la jalousie, l'hypocrisie. Des rapports de pouvoir et de rivalité peuvent rapidement se manifester dans les communautés les plus soucieuses de se démarquer du monde ambiant.

C'est précisément ce que Jésus reprochait aux pharisiens de son temps. Leur principal souci était de rester à l'écart du monde pécheur qui les entourait. Le mot *pharisien* signifiait à l'origine *séparé*. Mais s'ils étaient capables de résister à certaines tentations qui faisaient trébucher les pécheurs, ils tombaient dans des travers aussi funestes comme l'hypocrisie, l'esprit de jugement et l'orgueil qui entraîne le mépris des faibles. Ces mêmes péchés, qui sont autant de poisons destructeurs de l'amour, menacent ceux qui croient trouver leur salut dans la recherche de la perfection par une vie d'ascèse et le respect scrupuleux des commandements de Dieu.

Mais la raison, la plus importante, qui milite contre toute tentative de rester à l'écart du monde ambiant, découle de l'événement central qui constitue le fondement même de la foi chrétienne : l'incarnation du Seigneur Jésus-Christ, parole de Dieu faite chair, qui a *planté sa tente parmi nous* (Jean 1.14).

Suivre le Christ, ce n'est pas se séparer du monde des humains, mais au contraire y vivre. C'est ainsi que, dans sa prière pour ses disciples en Jean 17, Jésus dit à son Père : *Je ne te prie pas de les ôter du monde, mais de les garder du Malin* (v.15). Parallèlement, l'apôtre Paul écrivait aux Corinthiens que, si dans certains cas, ils devaient rompre avec les chrétiens dont le comportement était cause de scandale, ils ne devaient pas sortir du monde et cesser toute relation avec les incroyants (1 Corinthiens 5 9-13). Quelques chapitres plus loin, il estime normal qu'un chrétien accepte de partager le repas d'un païen qui l'a invité (1 Corinthiens 10.25-27). Par contre il exclut la participation des chrétiens à des repas sacrés païens à l'occasion de sacrifices d'animaux en l'honneur d'une idole.

En se retirant du monde et en tournant le dos à tout ce qui leur apparaît « mondain », c'est-à-dire surtout au luxe et au divertissement, beaucoup de chrétiens et, en particulier les moines, pensent suivre le chemin du Christ.

Pourtant l'Evangile nous montre un Jésus qui fréquente les péagers et les prostituées, qui mange avec les pécheurs et, au contraire de Jean-Baptiste qui jeûne et pratique l'ascétisme, est tenu pour un bon vivant faisant danser les autres (Matthieu 11.16-19) et changeant l'eau en vin aux noces de Cana (Jean 2.1-10).

Que Jésus demande à ses disciples de vivre dans le monde est dans la logique de l'incarnation. Celui qui est devenu homme parmi les hommes et a été reconnu comme homme (Philippiens 2.7) ne peut vouloir que ses disciples se tiennent à l'écart du reste de l'humanité. Ils sont appelés à être le sel de la terre. Mais cela entraîne une double obligation, qui peut apparaître contradictoire : celle d'être différents du monde et cependant présents dans le monde.

C'est bien ce que Jésus déclare à son Père : *Comme tu m'as envoyé dans le monde, moi aussi je les ai envoyés dans le monde* (Jean 17.18). C'est là une autre raison décisive en faveur de la présence des disciples dans le monde, au milieu des humains. Ils sont envoyés dans le monde pour remplir une mission: rendre témoignage à leur Seigneur, annoncer la bonne nouvelle de la grâce de Dieu jusqu'aux extrémités de la terre. Jésus leur affirme qu'ils sont le sel de la terre et la lumière du monde (Matthieu 5.13-16).

Or, s'ils s'isolent de l'humanité en formant une communauté totalement séparée, étrangère au monde, ils ne sont pas plus utiles que du sel qui reste enfermé dans sa boite et n'est jamais mélangé aux aliments. Du coup, il ne sert à rien, il ne peut ni modifier le goût des aliments, ni contribuer à leur bonne conservation. C'est seulement en vivant au milieu des hommes que les chrétiens peuvent jouer le rôle de sel.

L'Eglise de Jésus-Christ n'existe pas pour elle-même. Elle existe pour faire entendre au plus grand nombre la bonne nouvelle de la grâce de Dieu, en accomplissant des œuvres bonnes, qui amèneront les humains à rendre gloire à Dieu (Matthieu 5.13 ; 1 Pierre 2.12).

Une troisième raison tient au fait que, malgré le mal qui y règne, Dieu n'abandonne pas ce monde à son triste sort et continue à y être présent et y agir. La rupture totale avec le monde, le refus de participer à sa vie pour préserver la pureté de l'Eglise et des chrétiens ne peut s'expliquer que si le monde est entièrement mauvais et les humains, des pécheurs irrécupérables.

Or, si le Christ demande à ses apôtres d'être ses témoins jusqu'aux extrémités de la terre, c'est que le monde reste la création de Dieu, foncièrement bonne, et l'humanité est toujours l'objet de son amour. Et surtout, le chrétien ne doit jamais oublier que son Seigneur exerce sa souveraineté sur toutes choses.

Paul en effet invite ses frères à prendre conscience de l'immense puissance que Dieu a déployée en notre faveur, à nous les croyants. Son énergie, sa force toute-puissante, il les a mises en œuvre dans le Christ, lorsqu'*il l'a ressuscité des morts et fait asseoir à sa droite dans les cieux, bien au dessus de toute autorité, pouvoir, puissance, souveraineté et de tout autre nom qui puisse être nommé, non seulement dans ce monde, mais encore dans le monde à venir* (Ephésiens 1.19-21). C'est pourquoi les chrétiens ne doivent pas abandonner le monde, mais tenir ferme, ne pas se retirer, mais résister.

Le chrétien doit certes se garder de la séduction du monde, mais il peut vivre dans ce monde dans la joie et la reconnaissance pour tout ce que Dieu lui donne de bon. Il reste vrai que Dieu a créé toutes choses pour que nous en jouissions (1 Timothée 6.17) et que tout ce que Dieu a créé est bon et rien n'est à rejeter pourvu qu'on le prenne avec actions de grâces (1 Timothée 4.4). C'est pourquoi aussi Paul ne craint pas d'affirmer aux Corinthiens : *Tout est à vous…soit le monde, soit la vie, soit la mort, soit les choses présentes, soit les choses à venir.*(1 Corinthiens 3.22).

Malgré le mal et la souffrance que nous ne pouvons pas ignorer, Dieu veille sur sa création et ses créatures. Il ne les abandonne pas aux conséquences destructrices de leur révolte et leur permet de vivre ensemble sans se détruire les uns les autres, malgré leurs faiblesses, leurs erreurs et leurs péchés. Ce monde qui refuse la parole de Dieu reste au bénéfice de sa bonté, de sa bienveillance à l'égard d'une humanité rebelle.

Les chrétiens d'aujourd'hui sont dans une situation comparable à celle des Israélites exilés à Babylone au temps du prophète Jérémie. Captifs de leurs ennemis, les Juifs étaient naturellement porté à souhaiter le malheur de leurs vainqueurs. Pourtant, par la bouche du prophète, l'Eternel leur demande de rechercher le bien de la ville où ils ont été déportés et de prier en sa faveur (Jérémie 29.7). Tant que n'intervient pas le Jugement dernier, Dieu ne rejette pas ceux qui l'ont rejeté. Il veille à leur préservation : c'est là un effet de sa grâce (ce que Calvin appelait la grâce commune).

En se tenant entièrement à l'écart du monde, les chrétiens laissent le champ libre à Satan et lui favorisent la tâche. Ce qui caractérise le « monde » contre lequel la Bible nous met en garde, c'est un mélange de bien et de mal, de bonnes intentions et d'échecs affligeants.

Une parabole du Christ nous aide à en prendre conscience. Elle se trouve dans l'Evangile selon Matthieu, au chapitre 13. Nous y lisons que *le royaume des cieux est semblable à un homme qui a semé de bonnes semences dans son champ. Mais, pendant que les gens dormaient, son ennemi vint, sema de l'ivraie au milieu du blé et s'en alla.* Les serviteurs proposent à leur maître d'arracher l'ivraie. *Non, dit-il, de peur qu'en arrachant l'ivraie, vous ne déraciniez en même temps le blé. Laissez-les croître ensemble jusqu'à la moisson.*

Dans l'explication de la parabole, quelques versets plus loin, Jésus déclare que *le champ, c'est le monde.* Un monde où Dieu a semé le bon grain et est en droit d'en attendre une belle récolte, mais où un adversaire a semé de l'ivraie, ou de mauvaises herbes, comme la violence, la cupidité, le mensonge, l'égoïsme, les divisions (le grec pour ivraie est *zizania*, qui a donné en français zizanie) etc.

Mais si Dieu est déçu et attristé de ce qu'il voit dans le monde, il n'est pas découragé et encore moins vaincu. Il n'abandonne pas son champ, comme si le diable l'avait supplanté. Le monde reste le champ de Dieu. Un jour, la moisson viendra et, avec elle, le jugement qui séparera le bon grain de l'ivraie. Mais aujourd'hui, tout est si bien mélangé que nous sommes incapables de faire un tri fiable. Notre responsabilité présente est de veiller à porter du bon fruit, à ne pas nous laisser envahir et contaminer par l'ivraie, en étant de ceux qui incitent les autres à pécher et qui font le mal (v. 41). Il nous faut donc nous garder du « monde » au sens négatif du terme.

Un monde envahi par de mauvaises herbes, mais dans lequel du bon grain peut germer, croître et porter du fruit. Tel est le monde dans lequel vivent les chrétiens. Différentes caractéristiques de ce monde attestent que Dieu y est toujours à l'œuvre. Tout d'abord, partout où l'Evangile de Jésus-Christ est annoncé et vécu (même imparfaitement), la puissance de vie divine est à l'œuvre. Des hommes et des femmes sont libérés du pouvoir des ténèbres. Sans doute, dans certains pays du monde l'annonce de l'Evangile se heurte-t-elle à une forte opposition et à toutes sortes de restrictions. Mais c'est souvent dans ces pays que la foi chrétienne fait le plus de progrès. La Bible, traduite dans toujours davantage de langues, est rendue accessible à un nombre croissant d'hommes et de femmes.

Par ailleurs, la providence divine est à l'œuvre dans certaines réalités humaines, que l'on retrouve dans la plupart des sociétés, comme la justice, l'école, le commerce, le travail, l'information, les distractions. De telles activités sont voulues par Dieu et servent à structurer la vie commune de façon à la rendre moins précaire et plus supportable en favorisant la justice et la paix.

La Bible souligne en particulier le rôle des autorités civiles, chargées de dire la loi et de la faire appliquer. Les apôtres Pierre et Paul nous enseignent que les magistrats sont au service de Dieu pour punir ceux qui font le mal et pour louer ceux qui font le bien (Romains 13.1-7 ; 1 Pierre 2.14).

Ces autorités doivent remplir cette charge en appliquant la loi et non en se laissant emporter par leur désir de vengeance devant des actes odieux. La loi veille à ce que le châtiment soit proportionnel à la faute. C'est là le sens du fameux *œil pour œil, dent pour dent* de la loi mosaïque. Loin d'être un appel à la vengeance, cette formule cherche à en limiter les excès : pas plus qu'un œil pour le mal fait à un œil, pas une vie pour un œil ou une dent (Exode 21.24).

Et si, dans l'épître aux Romains (13.1-7), Paul demande aux chrétiens de se soumettre aux autorités instituées par Dieu, ce n'est pas pour exiger une soumission aveugle aux supérieurs, mais pour nous faire comprendre que nous pouvons faire confiance aux magistrats chargés de rendre la justice au lieu de nous venger, de faire justice nous-mêmes, car les magistrats jugent selon la loi, tandis que la vengeance ne connaît pas de limites.

Quelques versets plus haut, l'apôtre a écrit en effet : *Ne vous vengez pas vous-mêmes, mais laissez agir la colère.* Le magistrat est au service de la colère divine pour punir les malfaiteurs. La justice humaine, même si elle est imparfaite, est une protection contre le déchaînement de la haine, un frein au mal et donc une possibilité donnée aux humains de connaître dans un monde pécheur une certaine coexistence pacifique au lieu de se détruire les uns les autres.

C'est un grand privilège de vivre dans une société de droit, dans un Etat où la loi est appliquée sans favoritisme, où elle n'est pas régulièrement mise au service d'une classe sociale, d'un clan ou d'un parti. Il ne fait pas de doute que c'est dans les démocraties que cet objectif est le plus largement atteint, malgré des erreurs et des échecs douloureux. Et on ne peut que se réjouir de voir que la démocratie a progressé dans le monde au cours des derniers siècles.

De la même façon, il y a lieu d'être reconnaissant à Dieu pour les efforts des gouvernements du dernier demi-siècle pour prévenir les guerres ou y mettre fin. Certes, le monde reste trop souvent un monde de violence. Mais un pays comme la France vit actuellement la plus longue période de paix de son histoire. Cela est également vrai de plusieurs autres nations. Et si l'Organisation des Nations Unies a montré les limites de son action en faveur de la paix, elle a souvent contribué à limiter des conflits et aidé à en résoudre quelques uns.

D'autre part, au cours des derniers siècles, une grande partie de l'humanité a pu bénéficier comme jamais auparavant de l'éducation pour tous, tandis que le progrès scientifique apportait des changements heureux dans notre vie quotidienne, en rendant le travail moins pénible et en favorisant une progression spectaculaire de la richesse économique, tout au moins dans les pays développés.

Le monde d'aujourd'hui, l'humanité telle qu'elle est, reste l'objet de l'amour de Dieu. C'est pour son salut que le Christ est mort. D'autre part, comme nous venons de le dire, Dieu ne se désintéresse pas de ce monde, même si ce dernier lui reste hostile. Cette assurance interdit aux chrétiens d'abandonner le monde à celui que la Bible appelle le prince de ce monde.

S'il est vrai que seul Jésus-Christ peut arracher le monde à ses violences et ses folies, il y a place pour une action chrétienne en faveur de la paix, de la justice, de la liberté, de la solidarité et donc, pour un combat contre les puissances qui s'opposent à la volonté de Dieu et au bien de l'humanité. Si la politique n'échappe pas aux risques de l'injustice, du mensonge, de la violence, des idoles que sont le pouvoir, la richesse, le culte de la personnalité, etc., cela ne signifie pas qu'elle est désespérément mauvaise.

Nous avons signalé plus haut des éléments positifs du monde (la loi, la justice, l'éducation, le travail, le commerce, la liberté, etc.) pour lesquels il vaut la peine de lutter (ne serait-ce que par son vote). Sans doute le résultat de toute action politique reste-t-il imparfait et provisoire.

La politique est faite de compromis, mais comme l'a écrit le pasteur Michel Bertrand : *N'oublions pas que dans compromis, il y a promesse, promesse de réussir à tenir ensemble ce qu'on croyait incompatible. Condition fondamentale pour résister à la violence.* Une justice imparfaite est préférable à une absence de justice. La législation française qui établit la liberté de culte et d'opinion n'est sans doute pas parfaite (en particulier dans son application).

Mais comment ne pas être reconnaissants à nos aïeux qui ont lutté (y compris politiquement) pour faire reconnaître cette liberté ? Il est souhaitable que les chrétiens qui prennent conscience qu'il est possible d'améliorer les choses, dans ce domaine comme dans d'autres, s'efforcent d'y contribuer, même modestement, s'ils en ont les compétences.

Le refus de toute participation à la vie politique est une forme de sectarisme. Puisque le monde est définitivement perdu, condamné par Dieu et qu'il n'y a rien à en espérer, le rôle de l'Eglise consiste uniquement à arracher des âmes à la perdition et les mettre à l'abri dans la bergerie, en laissant le monde aller à sa perte.

En réalité, lorsque l'Eglise choisit cette voie, elle affaiblit de façon dramatique son témoignage. Comment annoncer aux humains l'amour que Dieu a pour eux si l'Eglise se désintéresse de leurs craintes et de leurs espoirs ?

Une autre attitude des Eglise à l'égard du monde qui me paraît inacceptable est celle qui a conduit, à différentes époques, des Eglises à s'efforcer de ramener le monde dans le droit chemin en y exerçant le pouvoir, afin d'amener la société humaine à obéir aux lois divines.

Pour atteindre ce but, l'Eglise cherche à occuper une position de force et à user de contrainte pour ramener les brebis égarée dans le droit chemin. Il semble évident qu'un tel but ne peut être atteint que si l'Eglise exerce un pouvoir dans la société civile. Il faut reconnaître que la volonté d'hégémonie des Eglises a entraîné des effets pervers et n'a fait de bien ni à la société humaine ni à l'Eglise.

Aujourd'hui heureusement, les Eglises chrétiennes ont dans leur majorité compris que leur mission dans le monde n'est pas d'exercer un pouvoir et de contraindre les humains à observer la loi divine, mais d'annoncer l'Evangile, en témoignant d'une part que Dieu ne se désintéresse pas des souffrances et des espoirs humains, et d'autre part de l'importance d'obéir à ses commandements. En effet, si pour la foi chrétienne, il ne peut être question de fuir le monde, il est de la plus grande importance d'apprendre à discerner ce qui dans ce monde constitue un danger pour les disciples de Jésus.

Malheureusement, trop souvent on a cherché à localiser « le monde » dans un domaine limité de la vie humaine. Un domaine qu'on peut relativement facilement circonscrire, si bien qu'il devient sinon facile, du moins possible de se garder, avec un peu de vigilance.

2. LE MONDE VU DES EGLISES

Tout au long de l'histoire, les Eglises chrétiennes se sont efforcées de mettre leurs membres en garde contre les dangers du monde. Ces avertissements sont particulièrement pressants lorsque la foi chrétienne reste marginale ou minoritaire dans la société, en particulier si les relations entre l'Eglise et les pouvoirs publics sont tendues. Par contre, dans le cas d'Eglises dont la place dans la société n'est pas mise en question, surtout si une alliance s'est établie entre l'Eglise et l'Etat, on ne perçoit plus la même méfiance à l'égard de la société ambiante. Les avertissements concernant le monde n'ont généralement pas la même vigueur et le même caractère d'urgence.

Mais dans un cas comme dans l'autre, il est à craindre que les avertissements des Eglises chrétiennes manquent largement leur but, parce que l'image du monde qu'elles véhiculent, sans être fausse, est très insuffisante et passe souvent à côté de l'essentiel.

Le monde aujourd'hui

Une des raisons qui m'ont poussé à entreprendre cette étude, c'est le fait que j'ai lu ou entendu de la part de chrétiens, des condamnations de ce « monde » dont il faut se garder, sans qu'un contenu précis et bibliquement fondé soit donné à ce terme. Dans de nombreux cas, me semble-t-il, les termes utilisés pour caractériser le monde s'inspirent davantage de traditions religieuses historiquement marquées que d'une lecture attentive de l'Ecriture.

Aujourd'hui comme à d'autres époques, une erreur courante consiste à chercher à localiser le monde pour mieux le combattre. La forme et le visage du monde qui se dessinent dans les mises en garde et les condamnations que l'on peut lire dans la littérature chrétienne concernent principalement un certain nombre de lieux et d'habitudes décrétés « mondains».

Selon nombre d'idées reçues, le monde se caractérise surtout par des comportements extérieurs, donc visibles, aisément repérables (et par là condamnables) comme la manière de s'habiller (la mode), de se parer (le maquillage ou les bijoux), le langage (les grossièretés), les distractions (la danse, le cinéma, la télévision, etc.), plutôt que des comportements et des mentalités plus directement condamnés dans l'Ecriture, mais plus acceptables socialement, tout au moins dans une société donnée.

Dans certains ouvrages chrétiens où il est question du monde et des dangers qu'il présente pour les chrétiens, on rencontre des expressions ou des mots qui sont fréquemment cités à propos des erreurs ou des dangers du monde. En parcourant par exemple des recueils de cantiques, on rencontre des formules stéréotypées comme le monde et ses plaisirs, les biens de ce monde, le monde et ses vaines gloires (ou ses pompes), les séductions ou les vanités du monde.

Ainsi par exemple, une brochure donnée à de jeunes chrétiens il y a quelques décennies, leur demandait de s'abstenir de plaisirs comme la danse, le théâtre, les jeux d'argent, la fréquentation des cafés. Ce sont là, disait-on, des signes certains de mondanité. On a souvent ajouté à cette liste le maquillage, le port du pantalon par les femmes, les mots grossiers, la musique rock, les romans policiers, etc.

Jusqu'à récemment, le cinéma et la télévision figuraient en bonne place dans cette liste. Mais ils sont tellement entrés dans les moeurs aujourd'hui, tellement présents dans la vie des chrétiens, qu'il n'est plus question de demander qu'on s'en abstienne, mais plutôt qu'on sache en faire bon usage.

Malheureusement, en ciblant ainsi les dangers du monde, on donne du monde une image réduite à certaines activités, certains domaines de la vie humaine qui seraient « mondains », tandis que les autres ne le seraient pas. En outre, cela risque d'entraîner l'idée que ce qui déplaît à Dieu, c'est surtout ce que les hommes recherchent pour se rendre la vie plus agréable ou pour mettre en valeur leurs capacités.

On peut comprendre que beaucoup ne puissent se satisfaire de cette façon de voir le « monde » et que des chrétiens qui ne se situent pas dans la mouvance évangélique se montrent critiques à l'égard de la conception du monde décrite ci-dessus.

C'est ainsi que dans son livre « L'Eglise, servante des hommes », un théologien réformé, le professeur Georges Crespy, critique sévèrement la conception du monde qu'il croit discerner chez les chrétiens évangéliques. Il écrit : *Ce qui explique l'attitude réservée de certains chrétiens et fait apparaître un problème du « monde», c'est qu'ils regroupent sous ce mot tout ce qu'ils n'aiment pas, tout ce dont ils se persuadent que Dieu non plus n'aime pas : les divertissements, la sexualité, le gaspillage, bref, toutes les « abominations ». Tout cela disent-ils en substance, appartient au « monde », car le « Prince de ce monde » est le Diable, et ces conduites-là sont manifestement diaboliques. Elles caractérisent la manière d'être des hommes « perdus » ou, pour le moins, « non-régénérés ». A ce titre, le monde serait le contraire de l'Eglise, et si celle-ci se mondanise, par exemple en tolérant la danse, le cigarette ou les boissons alcoolisées jusque dans son sein, il faut voir là le signe de sa perversion. Aussi faut-il travailler à la » démondaniser » ou, équivalemment, à se « sanctifier », car, comme dit l'Ecriture, « il ne faut point aimer le monde, ni les choses du monde » (1 Jean 2.15), mais se garder de toute souillure.*

Ce texte a quelque chose d'une caricature, il déforme l'image contestable de la mondanité telle que la comprennent les évangéliques. En outre, on peut s'inquiéter de voir le peu de cas que fait l'auteur des avertissements bibliques concernant le monde. Crespy semble même refuser toute distinction entre l'Eglise et le « monde ».

L'Eglise, écrit-il ailleurs est forcément « mondaine » puisque les hommes et les femmes qui la forment appartiennent au monde « par naissance et par essence ». Mais ne fait-il pas là une confusion entre deux sens du mot monde que l'on rencontre l'un et l'autre dans le Nouveau Testament : l'humanité au milieu de laquelle les chrétiens sont appelés à vivre, et, d'autre part, l'humanité rebelle à Dieu ?

Du coup, on ne peut plus prendre au sérieux les mises en garde du Nouveau Testament contre le danger d'être du monde, de lui appartenir, comme si les textes des écrits johanniques, pauliniens ou autres où il est question d'un monde mauvais, opposé à Dieu, n'étaient que des paroles en l'air, sans intérêt et sans pertinence pour nous aujourd'hui.

Par contre Crespy a raison de contester une vision du monde qui le limite à quelques aspects de l'existence et ne concerne pas les autres. Car l'influence que le monde exerce sur les humains ne se limite pas à quelques domaines de la vie humaine aisément repérables et évitables.

Elle touche à la totalité de la vie, mais surtout à ce qui est un élément déterminant des pensées et des comportements humains, c'est-à-dire la mentalité de chaque personne.

En second lieu, il n'est pas possible de dresser une liste type de domaines qui appartiennent au « monde » sur laquelle tous les évangéliques seraient d'accord. Leur perception du « monde » varie quelque peu selon les lieux et les époques. On ne peut s'en étonner.

Le monde dans lequel nous vivons au XXIe siècle est très différent de celui que connaissaient les apôtres. Il est donc normal que le Nouveau Testament ne parle pas de certaines situations à propos desquelles les chrétiens peuvent se demander si l'influence du monde y est particulièrement forte. Le risque est donc que les termes utilisés pour caractériser le monde s'inspirent davantage de traditions religieuses historiquement marquées que de l'Ecriture.

J'ai pu le constater personnellement à différentes reprises. Ainsi par exemple, lors du premier camp franco-anglais de jeunes baptistes qui s'est tenu après la seconde guerre mondiale, les jeunes Français ont été surpris, et même scandalisés de voir plusieurs de leurs frères anglais fumer. Pour les baptistes français la cigarette était indiscutablement mondaine. Les Anglais de leur côté ont été choqués de voir les Français boire de la bière, lors d'une excursion, ou jouer au volley le dimanche après le culte. Seuls des chrétiens « mondains » faisaient de telles choses.

Une autre fois, j'ai été interpellé par un pasteur français qui s'indignait de voir qu'une jeune chrétienne américaine qui m'accompagnait était « mondaine » parce que maquillée. En effet, dans les Eglises évangéliques de France le maquillage était indiscutablement tenu pour mondain, alors que le rouge à lèvres était au moins toléré outre-Atlantique. L'argument de ce collègue était que dans l'antiquité ancienne, seules les prostituées se maquillaient. Quand j'en parlais à cette jeune femme, elle m'a répondu que, pour elle, ne pas mettre du rouge à lèvres revenait à se présenter les cheveux non peignés et les vêtements en désordre. Ainsi donc, un même comportement peut être jugé acceptable, sinon souhaitable dans une culture ou, au contraire, condamnable dans une autre.

Un point sur lequel les Eglises évangéliques françaises de ma jeunesse et l'Eglise catholique se trouvaient d'accord concernait la danse. Elle était indiscutablement mondaine pour les uns et les autres. De nombreux prêtres catholiques bretons, considéraient le biniou comme un instrument du diable, parce qu'il faisait danser les jeunes. De leur côté, les jeunes baptistes étaient fermement exhortés à ne pas fréquenter les bals. Mais aujourd'hui, dans beaucoup d'Eglises catholiques ou protestantes, certaines danses, en particulier les danses folkloriques, (mais pas uniquement) sont admises comme une distraction saine pour les jeunes.

Je crains que cette façon de voir les choses, qui discerne le monde dans des lieux ou des pratiques données, passe à côté de l'essentiel. Je ne dis pas que ces différentes activités humaines sont sans danger et qu'elles ne risquent pas d'entraîner certaines personnes dans le péché ou l'affaiblissement de la foi.

Une telle conception du monde est trop étriquée ; elle ri que de retenir u filtre le moucheron et de laisser passer le chameau (Matthieu 23.24). Je n'en veux pour exemple que ce qu'écrit Sébastien Fath à propos des évangéliques du sud des Etats-Unis. Au XXe siècle, *les Eglises continuèrent à condamner avec beaucoup plus de vigueur la danse, le théâtre, l'excès d'alcool, les duels, les jeux de cartes, l'usage de mots grossiers ou le divorce que le racisme qui demeurait pourtant la principale plaie sociale de la région* (Note : « Militants de la Bible aux Etats-Unis », Autrement, Paris 2004, p.81).

Une conception géographique du « monde », qui le situe dans des lieux précis ou des activités bien repérables, comporte des dangers. Le plus grand est sans doute de s'imaginer qu'on échappe à l'influence du monde si on évite tel ou tel lieu, tel ou tel plaisir, telle ou telle activité.

En effet, ce qui caractérise le monde, comme nous le verrons au chapitre suivant, c'est précisément la mentalité qu'il inculque à tous et à chacun. C'est bien pour cela que la Bible nous adresse un appel à nous repentir, ou plus exactement à effectuer un demi-tour, un changement de mentalité, qui entraîne un changement de comportement.

Je crois qu'on peut comparer a vie chrétienne dans le monde à la navigation. En mer, la route n'est pas tracée d'avance. Mais il existe des cartes marines fort bien faites et des balises ou amers signalent d'une part les dangers et, de l'autre, les eaux saines. Il est donc possible de se déplacer en évitant les dangers.

J'ai personnellement navigué, l'été, pendant quarante ans, en Bretagne Nord, le long d'une côte rocheuse extrêmement découpée (mais bien balisée). Un célèbre navigateur anglais est même allé jusqu'à écrire que la côte de Bretagne Nord est la mieux balisée du monde. Je ne sais si c'est vrai, mais je peux témoigner que le balisage de cette partie de l'océan est fort bien fait et digne de confiance. Les obstacles n'y manquent pas.

Mais en temps normal, il est facile de les éviter. Il m'est pourtant arrivé d'être mis en danger. Ce fut le cas lorsque mon bateau a été pris dans un courant et gêné par un vent contraire, ou quand j'ai été rendu aveugle par une forte brume, et donc incapable de reconnaître le paysage et de repérer les obstacles.

De la même façon, dans la vie, il ne suffit pas de localiser des dangers. Il faut tenir compte des courants, de la mauvaise visibilité, des coups de vent, des marées, c'est-à-dire de facteurs que nous ne pouvons contrôler, mais devant lesquels nous ne devons pas rester passifs. Le monde n'est pas seulement une succession de dangers isolés, mais en un ensemble de forces, des courants, des brumes ou des vents, qui influencent, souvent à notre insu, notre comportement et risquent de nous entraîner où nous ne voulons pas aller et où des dangers peuvent nous mettre en péril.

Le monde, c'est d'abord une mentalité

Quand la Bible parle du monde, elle désigne simplement la société humaine au sein de laquelle nous vivons, en subissant l'influence qu'elle exerce sur nous. Cette influence est en partie consciente, mais plus encore inconsciente. Nous respirons tous l' « air du temps », nous ne pouvons échapper à la pression constante que notre environnement exerce sur nous. Cette pression, qui se manifeste dans tous les domaines de notre vie, risque de nous rendre sourds à la Parole de Dieu et nous entraîne dans des comportements contraires à la volonté divine.

C'est pourquoi l'annonce de l'Evangile inclut nécessairement un appel à se repentir ou changer de mentalité . « *Repentez-vous* » proclame Jésus au début de son ministère (Marc 1.15) et Pierre, le jour de la Pentecôte, répond à ceux qui lui demandent : *Que ferons-nous ?* : *Repentez-vous* (ou *changez*) (Actes 2.38).

Le verbe grec qui se trouve dans ces passages, *métanoéin*, a été souvent traduit, surtout dans les bibles protestantes, par *se repentir*. Des traductions récentes ont préféré utiliser d'autres verbes : *se convertir* (TOB) ou *changer de comportement* (BFC) ou simplement *changer* (BS). Le verbe grec comporte un suffixe, *méta*, qui veut dire après, autrement et le verbe *noéin*, comprendre, penser.

De nombreuses bibles catholiques, surtout anciennes, ont préféré la traduction *faites pénitence*. Mais le terme de *pénitence* évoque l'idée d'une peine que l'on doit s'imposer pour expier ou compenser ses péchés, idée qui ne suggère pas le terme biblique de *métanoïa*.

Changer de mentalité me semble donc être la traduction la plus proche du grec. Cet appel à un changement radical se fait entendre dans tout le Nouveau Testament (mais déjà aussi dans l'Ancien). C'est ainsi que le prophète Ezéchiel annonce au peuple juif, que le Seigneur changera leur mentalité pour qu'ils se conforment à la volonté divine : *Je leur donnerai un coeur qui me sera entièrement dévoué et je mettrai en eux un esprit nouveau, j'ôterai de leur être leur coeur dur comme la pierre et je leur donnerai un coeur de chair, afin qu'ils vivent selon mes ordonnances, qu'ils obéissent à mes lois et les appliquent.*

Un tel appel à changer de coeur ou de mentalité s'adresse aux chrétiens comme aux autres. Ils restent trop souvent marqués par la mentalité ambiante et risquent toujours de retomber dans leur ancienne manière de vivre et de penser. D'où des exhortations comme celle de Paul aux Romains (12.2) : *Ne vous conformez pas au siècle présent, mais soyez transformés par le renouvellement de l'intelligence,* ou celle de Pierre dans sa première épître : *ne vous conformez pas aux désirs que vous aviez autrefois dans votre ignorance* (1 Pierre 2.13).

Ces appels à changer de mentalité montrent bien que c'est là que se situe le coeur du problème. Le monde, c'est-à-dire la société dans laquelle nous vivons, suscite, instille insidieusement chez les humains une mentalité qui leur paraît raisonnable et efficace, mais qui passe à côté de l'essentiel, parce qu'elle met Dieu de côté et prétend résoudre les problèmes des individus et de la société par une sagesse purement humaine.

Le rejet de Dieu a de graves conséquences sur les pensées et le comportement des humains. C'est pourquoi l'apôtre Paul met en garde les chrétiens contre la sagesse du monde qui est folie aux yeux de Dieu (1 Corinthiens

1.21 ; 3.19), l'esprit du monde (1 Corinthiens 2.12), l'intelligence pervertie de ceux qui ont rejeté Dieu (1 Corinthiens 1.21 ; 2 Corinthiens 4.3-4 ; Ephé ien 4.17-19), les comportements humains qui s'écartent de la volonté de Dieu (Ephésiens 2.2 et 4.17-19).

Il apparaît clairement dans le Nouveau Testament que le monde se caractérise par la mentalité qu'il suscite chez ses membres, manière de penser et d'agir qui s'écarte de bien des manières de la volonté divine. Il n'est donc pas surprenant que la foi en Jésus-Christ doit entraîner un changement de mentalité. Les chrétiens, comme les autres humains, sont sensibles aux modes de pensées et aux idées reçues qui nous environnent sans cesse. Il est difficile de s'en abstraire ou d'y résister, car le « monde » a mis son empreinte sur nous, a façonné, en grande partie à notre insu, notre façon de penser, de sentir et d'agir.

Chaque société en effet crée une sagesse, une structure mentale et sociale, un système de convictions et d'habitudes qui tend à s'imposer à tous, en un mot, une mentalité collective qui influence et modèle les mentalités individuelles. En pensant et agissant à la manière du monde, les humains suivent une sagesse qui s'écarte de la volonté de Dieu. C'est pourquoi Paul parle de la sagesse du monde (1 Corinthiens 1.21) ou de l'esprit du monde (1 Corinthiens 2.12). Cela vaut pour toutes les sociétés humaines.

Le malheur, c'est que nous sommes le plus souvent largement inconscients de la pression diffuse que notre environnement exerce sur nous à notre insu et qui modèle notre mentalité et, partant, notre comportement selon les normes qui ont cours dans la société dont nous faisons partie.

Ce phénomène de mentalité été bien observé par Jean Girette, un ancien haut fonctionnaire, devenu, par choix, ouvrier tourneur en usine après la mort de sa femme. Il est passé ainsi du « monde » de la bourgeoisie aisée à celui de la classe ouvrière. Il en parle dans son livre « Je cherche la justice », où il écrit :

C'est en vivant au milieu d'hommes très différents de ceux que j'avais l'habitude de fréquenter auparavant que j'ai touché du doigt cette source de difficultés de compréhension entre mes camarades de travail et moi. Nos valeurs, leur hiérarchie, les choix qui en résultent dépendent des automatismes de la « mentalité » et en découlent plus naturellement que de la conscience claire et volontaire.... Nos attitudes apparemment spontanées sont très souvent commandées par l'attitude qui est de règle dans notre groupe social ; on n'a la paix, on ne tient sa place dans le groupe auquel on appartient que par cette sorte de conformisme passif, d'ailleurs inconscient. On arrive à faire activement siennes les pensées, les comportements, les convictions du groupe (Note : Jean Girette : « Je cherche la justice », France-Empire).

Nos comportements sont donc en grande partie des automatismes acquis par notre éducation ou nos expériences vécues. Ils sont largement tributaires de la mentalité ambiante du monde auquel nous appartenons. Nous en prenons conscience lorsqu'à l'exemple de Girette, nous sommes amenés à côtoyer des gens qui appartiennent à un autre « monde » que le nôtre, des personnes dont l'histoire, la culture, les habitudes diffèrent des nôtres.

Il est intéressant de noter à ce sujet que le langage courant, à l'exemple de la Bible, utilise le mot « monde » pour désigner des groupes humains partageant une même façon de penser, un même langage, les mêmes centres d'intérêt, les mêmes réactions. C'est ainsi qu'on parle du monde des affaires, du monde du sport, du monde de la politique ou des média.

Il est relativement facile de discerner ce qui nous distingue d'un autre groupe humain, lorsque cela se traduit par des différences bien marquées en ce qui concerne la culture, le niveau social, l'éducation, les convictions religieuses ou politiques, ou encore les centres d'intérêt. Devant un Chinois, un Indien, un Africain, un Français reconnaîtra sans mal qu'il a affaire à un étranger, autrement dit à quelqu'un d'un autre monde. De la même façon, un manœuvre mal payé, peu instruit, occupant un emploi précaire sera conscient d'appartenir à un autre monde qu'un P.D.G. Polytechnicien ou un professeur d'université.

La mentalité de chaque humain est donc largement conditionnée par les idées et les modèles reçus de la société à laquelle il appartient. Ainsi donc, un même comportement peut être jugé acceptable, sinon souhaitable dans une culture ou, au contraire, condamnable dans une autre. (Autrement. Paris 2004, p.81)

Nous avons vu qu'une caractéristique essentielle de ce « monde » contre lequel le Nouveau Testament met en garde les chrétiens, est qu'il exerce sur ses membres une pression constante, mais inconsciente pour que leurs idées et leur comportement s'alignent sur ceux qui ont cours dans la société où ils vivent. La pression du « monde » n'est pas seulement diffuse et inconsciente, elle est aussi voulue, recherchée. Les non-conformistes, les déviants, ceux qui se singularisent, sont mal vus, sinon exclus. Ils dérangent. Ils sont dangereux. La cohésion du groupe exige que chacun en accepte les valeurs, les règles et les coutumes. Il est donc nécessaire de les mettre au pas, de leur faire comprendre qu'ils n'auront droit au respect et à la bienveillance du milieu, qu'en évitant tout comportement déviant.

Le chanteur (et poète) Georges Brassens a bien exprimé cette obligation de conformisme social dans sa chanson « La mauvaise réputation » :

Je ne fais pourtant de tort à personne
En suivant mon chemin de petit bonhomme
Mais les braves gens n'aiment pas que
l'on suive une autre route qu'eux.

Il est donc nécessaire de tenir compte de l'opinion d'autrui, de faire comme tout le monde ou tout au moins de veiller à éviter tout ce qui serait mal vu. Cela entraîne une série d'obligations. Il y a des choses qui se font et d'autres qui ne se font pas. On en vient à se dire : « On ne peut pas faire autrement », ou au contraire « Ce n'est pas possible, on ne peut pas faire cela ».

Georges Friedman rapporte ce qu'il a observé lors d'un séjour aux États-Unis : *Dans la famille du collègue chez qui j'habitais, j'ai assisté à l'entrée dans ce foyer d'un récepteur de télévision. J'entendais les enfants, de treize à seize ans, répéter chaque jour aux parents : « A l'école, tous les autres en ont. Il faut (it is a must) que nous en ayons un, nous aussi ».* (Note : « La puissance et la sagesse », p. 68s).

Une journaliste écrit, à propos du livre de Christiane Rochefort, « Quand tu vas chez les femmes » : *Dès qu'ils croient qu'une chose « se fait », même la plus idiote, même la plus contraire à leurs désirs, il « faut » qu'ils la fassent !*

Dans son livre, « La prière et l'espérance », Jean-François Six écrit : *La vie commande, dit-on. En ce sens-là, la vie, signifie la mode. Le « monde » au sens johannique, c'est la mode. Manière collective de s'abstenir de vivre et de penser librement.*

Il fait remarquer que de « monde » à « mode », il n'y a qu'une lettre de différence. Celui ou celle qui ne se conforme pas aux critères imposés par la mode se sent facilement rejeté. Il s'ensuit qu'on doit prêter attention au qu'en-dira-t-on et veiller à ne pas prêter le flanc aux jugements de la majorité. Dans une de ses nouvelles, Marcel Aymé nous donne une bon exemple de ce besoin humain de prudence sociale: *« Mme Duperrier était une excellente femme, d'une piété distinguée, et qui avait de la décence dans les moeurs. Mais la vanité des choses terrestres ne lui apparaissait pas encore et elle croyait qu'il vaut mieux être bien vu de sa concierge que de son Créateur ».* La peur du qu'en-dira-t-on contribue largement à imposer le conformisme.

La pression sociale est d'autant plus forte qu'elle provient d'un groupe dont l'opinion nous importe par-dessus tout, ceux dont l'approbation nous paraît essentielle et le rejet insupportable. Il s'agit le plus souvent de nos pairs, ceux qui nous sont proches et dont le jugement peut menacer notre statut ou notre paix. Mais ce peut être aussi, parfois, ceux que nous admirons, ceux à qui nous voudrions ressembler, ceux dont nous aimerions obtenir la reconnaissance, la considération et l'estime. A cet effet, chacun doit veiller à tenir son rang, à ne pas déchoir, et par conséquent de se démarquer clairement de ceux qui n'appartiennent pas au même milieu, mais aux classes inférieures. Il y a des gens qu'on ne peut fréquenter sans perdre la face. Or, pour beaucoup, la pire des choses, c'est précisément de « perdre la face ».

Un spécialiste américain de la psychologie sociale, Léon Festinger, disait que le besoin de se comparer à autrui est irrépressible et qu'il se retrouve dans toutes les sociétés et dans tous les groupes sociaux : *On tend à se comparer... aux personnes que l'on côtoie régulièrement et qui appartiennent au même groupe social que nous. Nous sommes bien moins préoccupés de l'opinion de ceux qui appartiennent à des catégories très différentes de la nôtre, qu'elles soient très supérieures ou très inférieures à la nôtre ; la différence est telle qu'elle nous ne nous touche pas* (Note : Journal Le Monde, supplément Economie, 6 décembre 2005).

Le besoin de conformisme est particulièrement fort dans les sociétés closes, réfractaires au changement. Eugen Weber, dans son livre, « La fin des terroirs », montre l'importance de ce phénomène dans le monde agricole d'autrefois : *Puisqu'il fallait tirer la charrue ensemble, on ne pouvait tolérer aucun écart... Le conformisme était une vertu majeure.* « O faut venter du vent qui vente (Note : « La fin des terroirs ». Trad. fr. Fayard 1983, p. 681).

Mais même dans une société ouverte parce que des personnes d'origine de cultures et d'opinions différentes s'y côtoient, comme c'est le cas des sociétés occidentales au XXI siècle, il faut du courage, de l'inconscience ou une forte volonté de remettre en question les idées reçues pour oser se singulariser.

Il ne fait pas de doute qu'aujourd'hui, les médias contribuent largement à susciter des stéréotypes de pensée ou nos comportements par les modèles de réussite financière ou sociale, de santé, de beauté, d'influence, etc. qu'ils présentent. Qui refuse de s'y conformer, est mal vu et souvent exclu et méprisé.

Le propre du « monde », c'est donc la contrainte, l'impératif, la nécessité de « rentrer dans le rang », en un mot, le conformisme. Autrement dit, le contraire de la liberté. Il en résulte une peur constante de ne pas être dans la norme et donc d'être l'objet du jugement d'autrui.

Parmi les facteurs qui nous font savoir ce qui se fait, ce qu'il faut impérativement suivre, il y a l'éducation reçue, l'exemple des parents ou, plus tard, des amis, des pairs, c'est-à-dire ceux dont l'opinion nous importe, mais aussi les média, qui nous présentent des modèles sociaux, modèles de réussite ou d'échec. Il s'ensuit que le monde imposera l'obligation de se démarquer de ceux qui appartiennent à une autre classe sociale, qui ne sont pas du même milieu que nous. Le poids de la considération sociale contribue à modeler nos comportements.

Un autre facteur qui contribue à renforcer la pression du monde ambiant est le fait que le monde connu est sécurisant. L'inconnu, la nouveauté font peur. Même ceux qui aspirent à de grands changements ont besoin de garder un minimum de repères. Et ceux qui ont réussi à amener ces changements ne sont pas longs à vouloir imposer aux autres la conformité aux nouvelles mentalités et aux nouvelles pratiques.

Les groupes les plus contestataires imposent rapidement et souvent durement leurs propres modèles et pratiques, dès que la possibilité leur en est donnée.

Les différents visages du monde

Le monde peut être défini comme « *la société organisée avec tout ce qui en émane* » (Note : « Dictionnaire encyclopédique de la Bible »). Mais cela ne veut pas dire que ce monde est uniforme et immuable. En réalité, il prend différents visages selon les époques et les lieux. Chaque société humaine se développe à une époque donnée et produit une culture, une civilisation qui règne pendant une période plus ou moins longue et puis finit par s'affaiblir, s'éteindre et faire place à une autre société.

La Bible évoque plusieurs grandes civilisations qui ont marqué l'histoire, puis se sont effondrées : empires égyptien, assyrien, babylonien, perse, grec, romain. Et cela, dans seulement une partie du monde, le Bassin Méditerranéen et le Proche Orient.   D'autres civilisations ont brillé ailleurs dans le monde, en Inde ou en Chine par exemple. Et depuis le début de l'ère chrétienne, encore d'autres civilisations ou d'autres empires comme ceux des Incas ou des Aztèques, ont prospéré, puis décliné. Chacun d'eux a suscité une culture particulière.

La Bible ne nous donne pas un portrait du « monde » si bien dessiné qu'il serait impossible de ne pas le reconnaître, quelle que soit le lieu ou l'époque à laquelle nous vivons. En réalité, le « monde » prend différents visages selon les cultures, les situations historiques, les idées dominantes du moment, les circonstances sociales et économiques. On ne peut donc dessiner un portrait unique et universel du « monde » selon la Bible.

Les modèles, les règles qui ont cours dans telle société ou dans tel groupe social ne se retrouvent pas dans une autre société, où d'autres règles font loi. Aucune culture n'est universelle. Aucune société n'est éternelle. *Le monde passe*, écrit l'apôtre Jean (1 Jean 2.17). Mais chaque société cherche à perdurer, donc à convaincre ses membres qu'elle est la meilleure, sinon la seule bonne, et que ses traditions, ses règles et ses pratiques ne doivent pas être remises en question.

Autrement dit, le « monde » n'est pas monolithique. Il n'y a pas un « monde » unique, permanent, universel, mais des « mondes » historiquement déterminés. Chaque société humaine inculque à ses membres des coutumes, des habitudes de vie et de pensée, des convictions, des comportements, une conscience collective, une mentalité propres à cette culture. Tous les membres de la société héritent d'un ensemble de croyances, de règles de comportement et de jugement. Cela donne à la société un minimum d'unité, de cohérence et facilite la vie commune

Par contre, cela conduit souvent à des malentendus, des incompréhensions et de l'hostilité à l'égard de ceux qui appartiennent à une autre culture, surtout si on donne aux règles de pensée et de vie qui dominent dans notre culture une valeur absolue.

Le monde contemporain semble aller vers une certaine uniformisation du fait du développement des sciences et des techniques, et surtout de la multiplication des moyens d'information et de communication (voyages aériens, presse, radio, télévision, internet). On a pu dire que le monde est devenu un grand village. Malgré cela, de fortes différences de coutumes et de mentalité subsistent (et parfois s'accentuent, comme dans les cas de fondamentalismes politiques ou religieux).

Dans un pays comme la France, une grande partie de la population est marquée par les idées et les modèles de comportement inculqués par les parents ou par l'école. Mais une autre partie, composée d'immigrants, n'a pas reçu ce même héritage culturel. En réalité, cet héritage lui-même comporte de grandes variations et même des contradictions.

La mentalité dominante en France a longtemps été marquée jusqu'à la Révolution Française, et à nouveau dans une bonne partie du XIXe siècle, par l'acceptation de l'ordre établi, le respect de la hiérarchie sociale et, plus spécialement, au sein de la famille la soumission au père et dans la nation, le respect de l'autorité du roi, représentant de Dieu sur la terre.

La désobéissance et la révolte étaient considérées comme des fautes graves. Les hiérarchies familiales, sociales et politiques ne devaient pas être mises en question. Les pauvres ne pouvaient que se résigner à leur sort et donc rester à la place où Dieu les avait placés. Ils devaient par conséquent, respecter ceux qui étaient au-dessus d'eux en se soumettant à leur autorité.

Les Eglises soutenaient fermement cette conception des rapports humains et n'hésitaient pas à invoquer la Bible pour la justifier, en citant en particulier les passages où l'apôtre Paul demande aux chrétiens d'être soumis aux autorités supérieures, car elles sont instituées par Dieu (Romains 13.1-7). Cela a conduit de nombreux responsables d'Eglises à accepter le statu quo, même lorsqu'il justifiait de pratiques difficilement conciliables avec l'enseignement du Christ, comme l'esclavage ou les mariages forcés.

Dans les sociétés traditionnelles, un consensus moral s'impose assez largement, avec pour résultat que tout comportement qui s'écarte des normes admises est vite repéré et sévèrement jugé, donc soumis à une pression morale pour l'amener à se conformer. Le refus de s'aligner entraîne souvent la mise à l'écart du coupable. Bon gré, mal gré, la majorité de la population accepte de se soumettre à la pression du groupe. Certes, ce contrôle moral exercé par la communauté est souvent pesant et s'attache surtout à ce qui se voit, aux comportements extérieurs. Mais il peut contribuer à freiner la violence, l'écrasement des faibles par les forts ou les rusés.

La morale de la soumission s'est trouvée fortement contestée sous l'influence de penseurs du siècle des lumières comme Voltaire ou Rousseau, puis à nouveau aux XIXe et XXe siècle par ceux qu'on a appelés les « maîtres du soupçon » (Marx, Nieztsche, Freud) et qui ont montré que, derrière les valeurs morales enseignées, se cachaient des motivations peu glorieuses, des intérêts de classe, des conflits de pouvoir.

Par ailleurs, l'obligation de soumission fait problème lorsque les chrétiens sont contraints de reconnaître qu'en obéissant à l'autorité, ils désobéissent à leur Seigneur.

C'est le cas lorsqu'une autorité politique s'oppose à l'annonce de l'Evangile et cherche à interdire la pratique de la foi chrétienne. Quand l'Eglise est persécutée, doit-on obéir aux hommes plutôt qu'à Dieu ? L'apôtre Pierre a clairement déclaré le droit à la désobéissance dans Actes 5.29 : *Il faut obéir à Dieu plutôt qu'aux hommes.* Ou lorsqu'un gouvernement favorise des pratiques que des chrétiens peuvent juger contraires à leur foi.

Un exemple qui nous paraît évident aujourd'hui est celui de l'esclavage. Et pourtant pendant des siècles et dans bien des endroits, les Eglises ont accepté l'esclavage comme une forme acceptable d'organisation sociale. Un autre exemple auquel on peut aussi penser est celui des massacres ordonnés par l'autorité civile ou militaire lors d'une conquête coloniale ou d'une guerre.

Il faut reconnaître que souvent les chrétiens ont choisi de s'aligner sur le monde ambiant et n'ont pas su ou osé se désolidariser du monde dans lequel ils vivaient. C'est ainsi que dans les pays d'Europe au XVIIIe siècle, des chrétiens, membres fidèles de leur Eglise et qui se gardaient soigneusement de tout langage grossier et de toute distraction jugée inconvenante, n'ont éprouvé aucune gêne à faire fortune grâce au commerce du « bois d'ébène », c'est-à-dire au trafic des esclaves entre l'Afrique et l'Amérique.

Ou encore, dans les Eglises du sud des Etats-Unis dans la première moitié du XXe siècle, de nombreux chrétiens condamnaient avec vigueur les jeux d'argent, la danse et le théâtre, mais justifiaient le racisme, allant jusqu'à approuver les lynchages de noirs ayant enfreint les règles de la ségrégation.

Lorsque les Eglises s'opposent à des pratiques largement acceptées dans la société ambiante, en mettant en avant des valeurs morales héritées de l'Evangile, elles sont souvent l'objet de mépris, de moqueries, de rejet. On tient les chrétiens pour des ringards, des empêcheurs de danser en rond. On cherche à les faire taire ou on se moque de leur conscience trop chatouilleuse. Cela apparaît en particulier dans les médias, qui prônent (sans le dire, en se moquant des moralistes) des modèles de comportement, qui ne s'inspirent en aucune façon de l'Evangile, par exemple celui de la réussite sociale à tout prix ou de la pleine liberté des mœurs.

Le caractère relatif des morales humaines se voit aussi dans la diversité des normes admises et des comportements encouragés ou au contraire condamnés. Malheureusement, les chrétiens se font souvent une image sélective du « monde ». Ils restent prisonniers de la mentalité ambiante et incapables (par aveuglement ou manque de courage) de voir ce qui dans leur société est en contradiction avec la volonté de Dieu et ne le remettent pas à sa juste place.

Dans les pays développés d'aujourd'hui, le consensus moral est loin d'être assuré. C'est ce qui explique la disparition de l'enseignement de la morale dans les écoles françaises. De la fin du XIXe siècle jusque vers 1960, la journée des écoliers français commençait toujours ou presque par une leçon de morale. Cette pratique est tombée en désuétude dans les dernières décennies du XXe siècle. Et cela, principalement, parce que les enseignants, comme le reste de la population, ne pouvaient plus se référer à des valeurs morales universellement admises. Des idéologies contradictoires ont fait naître des morales hétéroclites. Tout effort pour imposer des normes morales et pour interdire certains comportements est aussitôt contesté par une partie au moins de la population.

Si un certain consensus se dessine en ce début du XXIe siècle, du moins en Europe occidentale, il ne va pas dans le sens d'une morale universelle offrant des repères indiscutables. Ce qui semble commun à tous ou presque, c'est une grande aspiration à la liberté de choix dans la recherche du bonheur individuel. Selon les conclusions d'une commission regroupant des experts américains, européens et japonais, on constate que ce *phénomène est si ample qu'on le retrouve dans l'ensemble des pays occidentaux.*

Cette recherche de la promotion de l'individu va de pair avec un rejet des valeurs collectives, des engagements durables et des contraintes morales qui pénaliseraient les projets de réussite individuelle. Chacun est seul responsable de sa vie et, en particulier, de son parcours professionnel ou social. Personne ne peut décider pour autrui ce qui lui donnera le bonheur. Nul n'a le droit d'imposer aux autres sa conception de ce qui est moral, et encore moins celui d'interdire tel ou tel comportement. Tous les points de vue se valent. « Chacun fait comme il le sent ». Il n'y a plus de repères fixes susceptibles d'orienter nos comportements.

Un tel relativisme traduit la désillusion du progrès qu'a connu le monde moderne, à la suite de deux guerres mondiales et des déceptions qu'ont connues ceux qui avaient cru aux « lendemains qui chantent » promis par le marxisme. Devant l'incapacité de la raison humaine de créer la justice et la paix à tous les échelons de la vie des individus et des nations, beaucoup en viennent à se méfier de toute vérité qui se veut universelle et de toute institution qui prétend résoudre les problèmes du monde par une meilleure organisation de la société.

Ce n'est pas de ce côté-là qu'on peut attendre les changements souhaités, mais plutôt d'une démarche personnelle, d'une recherche d'authenticité, qui s'appuie plus sur ce que chacun ressent que par ce que l'on comprend intellectuellement. C'est là une perspective qui contribue à faire de la tolérance la seule valeur admissible.

Dans un monde qui connaît de grands mouvements et des brassages de populations, la priorité donnée à la tolérance facilite indiscutablement la coexistence pacifique de personnes originaires de cultures différentes. Mais elle peut aussi se manifester par une grande indifférence à l'égard des autres.

« Ce qu'ils pensent et ce qu'ils font, c'est leur affaire. Je n'ai pas à m'en soucier. Si cela leur fait subir de graves conséquences, je n'y peux rien. Je veux bien tolérer ceux qui sont différents de moi, pourvu qu'ils restent chez eux, dans leur banlieue, leurs lieux de rencontre et qu'ils croisent le moins possible mon chemin. Chacun chez soi. »

D'autre part, l'affirmation d'une pleine tolérance tend à dégager les individus de la responsabilité de leur comportement. S'il suffit de dire « c'est mon choix » ou de s'abriter derrière l'hérédité, le conditionnement imposé par la famille ou la société ou encore l'expérience vécue pour justifier ses actes et interdire à quiconque de les juger, plus personne n'est vraiment responsable. Si je me suis mis dans de beaux draps, c'est la faute aux parents, à l'école, au gouvernement, aux circonstances, etc.

En réalité, aucune société humaine n'a pu s'organiser et survivre sur la base d'une liberté telle qu'elle enlèverait à chacun la responsabilité de ses actes. Toujours et partout certains comportements ont été jugés intolérables et ont donc été proscrits. Une communauté humaine qui jugerait la tromperie, le meurtre, le viol, les sévices sexuels sur des enfants aussi acceptables que tout autre comportement ne pourrait subsister.

Par ailleurs, les tenants de la tolérance ne sont pas eux-mêmes à l'abri de l'intolérance. Ils ont souvent tendance à condamner et mépriser ceux qui refusent la morale du libre choix et le rejet des normes pré-établies. La société qui prône la tolérance tous azimuts et la liberté exerce, autant qu'une autre, des contraintes insidieuses sur ses membres, pour qu'ils se conforment à l'air du temps. L'obligation de liberté et de refus des normes peut se révéler une morale aussi exigeante que la morale qu'enseignaient nos pères.

Ainsi par exemple, Françoise Sagan déclarait dans une interview : *La libération sexuelle, vous savez... De mon temps, il était interdit à une jeune fille de faire l'amour avec un garçon. Maintenant, c'est devenu obligatoire. Alors, je ne sais pas si c'est vraiment une libération... Tenez, une fille de dix neuf ans est considérée comme un peu ridicule par ses camarades, si elle ne fait pas l'amour.* (Note : « De Sartre à Foucault . Vingt ans d'entretiens dans le Nouvel Observateur », Hachette).

On peut dire, en résumé, que le « monde » dont parle l'Ecriture est essentiellement la pression sociale, l'ensemble des contraintes, des impératifs, en grande partie inconscients, qui contribuent à modeler notre mentalité, à la rendre conforme au monde ambiant au point que nous en sommes si bien imprégnés que nous ne pouvons pas envisager une autre façon de penser et d'agir.

Ce que je me propose de faire est de pointer des comportements et des attitudes courants dans notre monde moderne, des façons d'agir et de penser qui nous paraissent naturelles et légitimes, parce qu'elles font partie des mœurs jugées acceptables et même recommandables de la société dans laquelle nous vivons, mais qui pourtant s'écartent de l'enseignement de l'Ecriture.

3. L'ECLAIRAGE DU NOUVEAU TESTAMENT SUR LE CHRETIEN ET LE MONDE

L'amour du monde

Les auteurs du Nouveau Testament ne se contentent pas de mettre en garde leurs lecteurs contre les dangers du « monde », ils s'efforcent aussi de les aider à comprendre ce qui caractérise ce monde et pourquoi il convient de s'en défier.

A bien des reprises, les apôtres donnent des indications précises sur la manière dont se manifeste ce monde, cette façon de penser et de vivre qui s'écarte de la volonté de Dieu. Mais ces renseignements sont dispersés tout au long du Nouveau Testament, si bien qu'il n'est pas facile de les repérer et de les regrouper pour s'en faire une idée claire, permettant au disciple du Christ de se garder des pièges de ce « monde ».

Cependant, on trouve dans le Nouveau Testament, un texte qui nous éclaire de façon plus précise sur ce qui caractérise le monde. Il ne s'agit cependant pas d'une description complète et systématique de ce monde mauvais, mais de repères essentiels, dont la validité demeure même lorsque le monde se présente à nous sous des visages changeants.

Ce texte se trouve dans la première épître de Jean, au chapitre 2, les versets 15 à 18. Citons-le ici, dans la traduction Segond révisée (Bible à la Colombe), qui suit de près le texte original : *N'aimez pas le monde, ni ce qui est dans le monde. Si quelqu'un aime le monde, l'amour du Père n'est pas en lui; car tout ce qui est dans le monde, la convoitise de la chair, le convoitise des yeux et l'orgueil de la vie, ne vient pas du Père, mais vient du monde. Et le monde passe, et sa convoitise aussi ; mais celui qui fait la volonté de Dieu demeure éternellement.*

Deux mots clefs sont à souligner dans cette description du monde : *la convoitise* et *l'orgueil*. Si Jean semble insister surtout sur la convoitise, mentionnée deux fois, comme caractéristique du monde, il est important de ne pas séparer les deux attitudes dénoncées ici. Les deux mots qui les désignent se retrouvent à bien des reprises dans l'Écriture. En outre, l'idée qu'ils véhiculent est souvent présente, même lorsque le mot ne l'est pas.

Le texte ajoute que tout cela contribue à *l'orgueil de la vie*. Il convient de noter que cet orgueil n'est pas réservé aux meilleurs, aux plus forts, à ceux qui ont réussi. Il se retrouve à tous les niveaux de l'échelle humaine. Je puis m'enorgueillir dès lors que je rencontre quelqu'un de moins fort, de moins capable, de moins considéré que moi.

On ne se glorifie pas d'être fort, puissant ou riche, mais de l'être plus que les autres ou tout au moins, que tel ou tel autre. C'est bien ce que nous voyons dans la parabole du pharisien et du péager dans l'évangile selon Luc (18.9-14) : le fierté du pharisien est de pouvoir dire : *Je te loue de ce que je ne suis pas comme le reste des hommes, ni même comme ce péager.*

Les faiblesses et les échecs des autres nous mettent en valeur. Comme l'a écrit le moraliste du XVIIIe siècle, Chamfort : *Quand je me considère, je me méprise. Mais quand je me compare, je m'estime.*

L'orgueil de la vie, le besoin de se réconforter, de se flatter en se jugeant meilleur que d'autres est de tous les temps. Il est une des caractéristiques du monde dont parle l'Écriture. Il est aussi une cause de jalousies, de conflits, de divisions entre les humains.

Un monde d'idoles

Nous avons vu que dans la première Alliance l'idolâtrie était l'infidélité fondamentale, à la racine de toutes les autres. Elle violait l'Alliance fondatrice, qui exigeait du peuple de Dieu un attachement sans partage au Seigneur qui l'avait libéré de l'esclavage en Égypte (Exode 20.1-6). En s'attachant à d'autres dieux que l'Eternel, ou simplement en faisant appel à ces divinités selon les besoins du moment, les Israélites ont été entraînés dans une suite de comportements désastreux, aussi bien pour la vie de la nation que pour celle des individus.

De la même façon, dans le Nouveau Testament, les croyants sont mis en garde contre les idoles qui caractérisent le monde païen au milieu duquel ils vivent. Les chrétiens sont décrits comme *ceux qui ont abandonné les idoles pour servir le Dieu vivant et vrai* (1 Thessaloniciens 1.9 ; 1 Corinthien 12.2). Il ne sont pourtant pas à l'abri de la tentation de retourner vers ces idoles.

Le monde gréco-romain connaissait un grand nombre de cultes et de divinités. Toute la vie sociale et professionnelle du monde antique était marquée par les religions dominantes, c'est-à-dire païennes. L'artisanat, le commerce, la navigation, l'éducation, les mariages ou les naissances étaient placés sous l'égide d'une divinité. Les temples païens étaient des lieux habituels de rencontres : on s'y réunissait pour des fêtes ou des réunions professionnelles, etc.

A ces occasions, des sacrifices étaient offerts à la divinité. Ceux qui refusaient de participer à de tels actes se coupaient de la vie sociale de la communauté dans laquelle ils vivaient et se trouvaient objets de suspicion, de rejet et de mépris.

C'était le cas des Juifs, tenus par la Loi, non seulement de refuser toute participation à des actes idolâtres, mais aussi de s'abstenir de tout ce que la Loi de Moïse déclarait impur, autrement dit, d'une grande partie de la nourriture qu'on pouvait acheter sur les marchés.

Les premiers chrétiens, qui étaient juifs, ont naturellement observé les prescriptions de la Loi mosaïque. Mais quand des païens de plus en plus nombreux se sont convertis à Jésus-Christ, la question s'est posée de savoir s'ils devaient eux aussi s'en tenir au respect de la Loi juive.

Les apôtres, et tout spécialement Paul, ont compris que l'obligation de soumission aux règles de pureté du judaïsme constituerait un énorme obstacle à l'évangélisation du monde païen. Ils sont arrivés à la conviction que, selon l'enseignement du Christ, en particulier dans Marc 7.15 : *Il n'est rien qui du dehors entre dans l'homme qui puisse le rendre impur.*

Les païens convertis n'étaient donc pas tenus de respecter les prescriptions juives relatives à la pureté alimentaire. Par contre, ils ont mis en garde les croyants contre toute participation à des actes religieux païens et, en particulier, à des festins sacrés dans des temples païens (Actes 15.19-20 ; 1 Corinthien 8.7 et 10.22).

Les idoles dont il est question dans le Nouveau Testament ne sont pas seulement des divinités païennes, objets d'un culte reconnu, avec des rites, des cérémonies faisant souvent appel à la magie, des représentations de la divinité sous forme d'objets sacrés, des temples, statues, lieux sacrés, etc.

Les avertissements de Jésus et des apôtres ne concernent pas uniquement la religion, avec ses croyances et pratiques. Ils condamnent aussi une forme plus subtile d'idolâtrie, une tendance quasi-universelle chez les humains, qui consiste à faire d'une réalité du monde créé un objet d'adoration.

Dans sa lettre aux Romains (1.18-25), l'apôtre Paul dénonce avec vigueur cette idolâtrie. L'apôtre vise bien entendu les objets de culte, en écrivant : *Ils ont remplacé la gloire du Dieu incorruptible par des images représentant l'homme corruptible, des oiseaux, des quadrupèdes et des reptiles »* et il ajoute : *ils ont remplacé la vérité de Dieu par des mensonges et ont adoré et servi la créature au lieu du Créateur.* Par ces mots, il élargit le champ de l'idolâtrie pour inclure toute réalité créée à laquelle les humains attachent une valeur et une importance telle qu'ils sont prêts à l'adorer, la diviniser. Ils lui attribuent une valeur absolue, ils en font le fondement, sur lequel ils pourront s'appuyer. Ils en viennent à lui accorder leur foi, à en attendre le succès, la richesse, la santé ou la puissance, en un mot, le salut.

Cette idolâtrie, dont le caractère religieux est moins évident, était déjà condamnée dans l'Ancien Testament. Les prophètes en particulier n'hésitent pas à dénoncer les grands de ce monde, les rois, les puissants, qui revendiquent un pouvoir sans limite et le droit de ne pas se plier aux lois divines et qui, surtout, se font adorer comme des dieux.

On a pu dire que chez les peuples païens, le roi était dieu, alors qu'en Israël, l'Eternel était roi, le seul vrai roi. Les envoyés du Seigneur ont ainsi osé s'opposer, au nom de l'Eternel, à de puissants souverains, comme le pharaon d'Egypte (Exode ch. 5 à 12), Nabuchodonosor (Daniel 3), Belshatsar (Daniel 4), Darius (Daniel 6), en leur rappelant que leur autorité n'était qu'une autorité déléguée, qu'ils n'étaient que des hommes et qu'ils devaient donc se soumettre à la volonté du seul vrai Dieu, l'Eternel.

Malheureusement, en pratique, les rois d'Israël se sont souvent comportés comme des souverains païens, faisant passer leur volonté avant celle de Dieu et revendiquant (au moins en pratique) un pouvoir absolu. La loi mosaïque avait bien posé des limites au droit des rois en leur faisant entendre des avertissements comme ceux de Deutéronome 17.14-20.

Ils ont ainsi négligé d'écouter les avertissements du Seigneur et se sont comportés comme les souverains païens.   Dieu est alors intervenu par l'intermédiaire de ses porte paroles, comme Nathan auprès de David, après son adultère avec la femme d'Uri et le meurtre de ce dernier (2 Samuel 12) ou Elie auprès d'Achab et Jézabel (1 Rois 21).

L'absolutisation du pouvoir est de tous les temps et menace tous les humains. Une de ses sources se trouve dans la prétention de certains grands de ce monde à exercer un pouvoir sans limite (qu'on pense à Hitler, Staline ou Mao Tsé Toung), mais aussi dans l'admiration et la confiance aveugle que les humains sont portés à accorder aux détenteurs d'un tel pouvoir. Je me souviens d'un temps (autour de 1970) où les admirateurs de Mao se refusaient à l'idée que leur idole puisse se tromper. Quelques années plus tard, ces mêmes adorateurs se sont retrouvés floués quand leur dieu s'est effondré.

Ce ne sont pas seulement les puissants qui sont ainsi l'objet d'une idéalisation ou d'une divinisation. Toute personne dont le succès suscite une admiration sans bornes, au point qu'on ne voit plus ses limites et ses faiblesses, peut ainsi devenir une idole. Ne dit-on pas de certains chanteurs, acteurs, ou sportifs qu'ils sont les idoles des jeunes ?

L'idolâtrie révèle le besoin des humains de projeter sur une personne ou une réalité admirée ou crainte leur idéal de pouvoir, de liberté ou de richesse. Ils font du personnage ou de l'objet en question le porteur de leurs espoirs, de leurs rêves.

C'est ainsi que j'ai été frappé en 1960 par une annonce entendue à la radio: *« Nul ne peut vivre sans foi. L'homme a besoin d'un soutien. Sans soutien, il est déraciné. Ce soutien, la Loterie nationale peut vous l'apporter »*.

En effet, les humains recherchent des points d'appui susceptibles de donner une assise solide à leur existence. Ils sont alors portés à se tourner vers des réalités qui leur paraissent capables de répondre à leurs attentes, de réaliser leurs rêves. Mais on peut s'étonner et s'inquiéter de voir que beaucoup n'ont pas de soutien plus solide que le hasard qui préside à la Loterie Nationale (ou tout autre jeu de hasard).

Il y a un lien étroit entre la convoitise et l'idolâtrie. L'idole est la représentation de ce que les humains convoitent. Toute réalité qui nous paraît porteuse de promesse de bonheur, de sécurité, de progrès, de puissance peut devenir un objet de foi, donc une idole. En général, on ne décide pas d'en faire une idole. Mais elle le devint insensiblement lorsque nous donnons à cette réalité la première place dans nos pensées, nos aspirations, notre attachement.

L'idolâtrie en réalité ne se porte pas tant sur la personne ou la chose que sur l'idéal dont elle est l'image. Il s'agit de réalités humaines divinisées. Bien souvent, elles ne sont pas mauvaises en elles-mêmes, mais les humains en viennent à leur donner tant d'importance qu'elles deviennent des divinités de substitution.

Ce peut être le cas de l'argent, du plaisir, du travail, des loisirs, en un mot de tout ce que les humains convoitent. C'est ainsi qu'on a pu dire qu'Hollywood était un lieu où se pratiquait le culte de ces trois idoles que sont l'argent, le pouvoir et le sexe. Ce sont là en effet des dieux auxquelles de nombreux humains rendent un culte.

Là où la foi n'est pas orientée vers le Dieu vivant, elle se tourne vers de faux dieux, des divinités de substitution. Les idoles sont innombrables. J'en ai mentionné quelques unes : les grands personnages, rois, chefs, présidents, dès lors qu'ils revendiquent une soumission absolue (ou que des hommes la leur accodrent sans y être contraints) ; plu génér lement le pouvoir, 1 riche e, le pl i ir, le sexe (l'extase ou la fécondité), la nation, le parti, la race, le travail, etc. autant de réalités qui semble nous offrir un appui, une promesse de bonheur.

Un signe fréquent d'idolâtrie se voit dans le fait que les humains attachent à une réalité une valeur telle qu'ils ne l'écrivent plus qu'avec une majuscule (la Nation, la Liberté, le Parti, le Progrès, la Technique, la Science, la Modernité ou, au contraire, la Tradition).

Des idoles décevantes et qu'il faut combattre

Les idoles ne peuvent que décevoir leurs adorateurs. En effet, elles ne représentent jamais qu'un aspect, qu'une partie de la réalité. Or, elles sont prises pour le tout. Il en résulte un porte-à-faux dans la vie de son adorateur.

Ainsi, l'homme qui ne vit que pour l'argent est prêt à sacrifier à son dieu des valeurs humaines fondamentales telles que l'amitié, la bonté, la justice, les actes désintéressés, etc. Des besoins profonds de son être ne sont pas satisfaits. Des liens d'amitié ou de famille sont sacrifiés.

Par ailleurs, l'idole demande une adhésion totale, une soumission aveugle, une dévotion passionnée. Elle exerce un pouvoir tyrannique, elle devient le maître de ses adorateurs en s'emparant de leur pensée, en instillant dans leur esprit un attachement, une dépendance qui les prive de leur liberté en les conduisant à tout leur sacrifier, en particulier les autres.

Le langage courant ne s'y trompe pas lorsqu'il parle du démon du jeu, de la violence, de l'alcool, du pouvoir, etc. Dans des sociétés qui se veulent raisonnables, éclairées par la science, les comportements aberrants, irrationnels ne sont pourtant pas rares. Les dieux païens d'autrefois demandaient des sacrifices humains, les idoles modernes sont tout aussi cruelles : le dieu-Mamon condamne certains à la misère alors que d'autres s'enrichissent, le dieu-Nation a envoyé des millions de jeunes hommes s'offrir en holocauste dans d'atroces guerres mondiales ou locales, le dieu-Pouvoir a condamné à la prison ou aux camps de concentration ceux qui refusaient de courber le genou devant lui.

Et bien sûr, les idoles détournent leurs adorateurs du vrai Dieu : *Vous ne pouvez servir Dieu et Mamon* (c'est-à-dire l'argent) disait Jésus (Matthieu 6.24). L'argent, le pouvoir, le plaisir ne sont pas mauvais en eux-mêmes, mais ils le deviennent dès que des humains leur accordent la première place dans leur vie et en font une idole.

Toute la révélation biblique est un combat contre les idoles, un appel adressé aux humains pour qu'ils en comprennent la vanité et les dangers.

L'idole, pour l'Ancien Testament, est une chose de rien, une vanité, une absurdité, du vide, du vent. Le prophète Jérémie déclare au sujet des Israélites qui se sont livrés à l'idolâtrie : *Ils ont couru après des riens, et les voilà réduits à rien* . (Jérémie 2.5, TOB, où une note précise : *Ce à quoi l'on s'attache nous transforme à son image*).

Les apôtres réaffirment le vide, la nullité des idoles. Paul écrit aux Corinthiens : nous savons qu'il n'y a pas d'idoles dans le monde, et qu'il n'y a qu'un seul Dieu. Mais il est conscient que *tous n'ont pas cette connaissance*. En effet, certains sont retenus encore par l'habitude de respect et de soumission à l'égard de telle ou telle idole. Ils croient encore à sa réalité et en ont peur ; il n'en sont donc pas libérés. Le danger continue à exister. (1 Corinthiens 8.4,7).

Aucune des idoles que se forgent les humains n'est capable de supporter le poids d'espoir et de confiance qu'ils placent en elle. Attribuer une valeur absolue à une chose limitée et précaire entraîne nécessairement une déception. L'appui que nous en attendions s'effondre un jour, les promesses qui nous ont séduits n'étaient en réalité qu'en mirage, du vent. Quand nous en prenons conscience, il ne reste que l'angoisse et l'amertume.

La révélation biblique est tout entière un combat contre les idoles, un appel adressé aux humains pour qu'ils en comprennent la vanité et les dangers. Mais surtout pour qu'ils reconnaissent que c'est à Dieu seul que doivent aller leur confiance et leur obéissance.

Le premier commandement du Décalogue, avant même l'interdiction des cultes idolâtres, pose le fondement de la liberté du croyant à l'égard de toute idolâtrie : *Je suis l'Eternel ton Dieu, qui t'ai fait sortir du pays d'Egypte de la maison de servitude.* C'est au Seigneur et à lui seul qu'Israël doit sa liberté, sa vie et son avenir. Le Seigneur Dieu est seul digne de foi, d'adoration, d'attachement. Le grand commandement de la première Alliance le déclare nettement : *Tu n'auras pas d'autre dieu devant ma face* (ou, comme le traduit Alphonse Maillot *: Pour toi, aucun autre dieu n'existe*).

Tout ce qui existe dans le monde, toutes les réalités naturelles ou humaines sont des créations divines. Les hommes, appelés à dominer la terre, peuvent connaître ces réalités, les utiliser, les cultiver. Mais elles sont profanes et n'ont aucun caractère sacré. Dans le paganisme au contraire, certains objets, certains animaux, certaines personnes, certaines forces de la nature, certains jours ou certaines saisons sont porteuses d'un pouvoir religieux. On ne peut y toucher que si on remplit certaines conditions, si on accomplit les rites prescrits.

L'apôtre Paul tient un tout autre langage. Il ose écrire aux Corinthiens (d'anciens païens devenus chrétiens) : *Tout est à vous...soit le monde, soit la vie, soit la mort...* Dieu vous a confié ce monde pour que nous le cultiviez et le gardiez.

Par leur science et leur technique, les humains ont ainsi pu transformer la terre pour la rendre plus habitable, plus sûre, plus capable de nourrir hommes et bêtes. Aucun de nous ne voudrait retourner vivre au temps des cavernes. Nous pouvons être reconnaissants pour cette liberté que Dieu a donnée à l'humanité de cultiver et de garder la terre.

Mais si les humains se sont attachés à cultiver la terre, ils ont souvent failli dans la mission de la garder, la protéger. Les problèmes de la destruction de l'environnement, de l'épuisement des ressources naturelles, de la pollution, etc. en sont les témoins. Les hommes ont souvent fait de leur science et de leur pouvoir une idole.

L'idolâtrie des fausses images de Dieu

Une forme d'idolâtrie contre laquelle nous devons être mis en garde concerne les fausses images de Dieu que nous nous faisons parfois. Un exemple biblique célèbre est celui du veau d'or, dans le livre de l'Exode.

Quand les Israélites se sont fait un dieu en forme de veau (ou de jeune taureau), ils ont cru adorer l'Eternel. Le texte biblique dit en effet, en Exode 32.8 : ils se sont fait un veau en métal fondu, ils se sont prosternés devant lui, ils lui ont offert des sacrifices et ils ont dit : *Les voici tes dieux qui t'ont fait monter du pays d'Égypte.*

Une idole n'est pas seulement un objet naturel ou créé, ou une personne, ce peut être aussi une idée, une croyance, une idéologie. Le propre de l'idéologie est d'offrir une clef qui permet de tout comprendre ou de tout expliquer. Ainsi, pour les communistes, toute l'histoire de l'humanité s'explique par la lutte des classes, l'exploitation du prolétariat par la classe dominante ; pour le p ych n ly te (ou certains d'entre eux) les névroses et les difficultés relationnelles ont leur source dans des conflits non résolus avec les parents.

Bien des idoles sont suscitées par une fausse image de Dieu. Les fausses images qui ont sévi ou sévissent encore sont nombreuses. Parmi les plus courantes, on peut mentionner le dieu lointain, indifférent, qui a créé la terre et les humains, mais qui les a abandonnés à leur sort et ne s'en soucie plus. Il y a aussi le « bon dieu », indulgent, indifférent aux péchés des humains, le dieu dont parlait, parait-il, Voltaire, en disant : *Dieu me pardonnera, c'est son métier.*

A l'inverse, on rencontre le Dieu vindicatif, qui ne pense qu'à interdire et à punir, un dieu jaloux du bonheur des humains et qui ne cesse de brandir la menace, un dieu dont on doit avoir peur, mais qu'on ne peut pas aimer.

Mais pour la foi chrétienne, c'est seulement en Jésus-Christ que l'on peut connaître Dieu.

4. LE CHRÉTIEN & LE MONDE EN QUATRE VERBES

Les trois premières parties de cet ouvrage constituaient une introduction générale à la connaissance du monde en tant que puissance hostile à Dieu.

À la suite de l'apôtre Paul, invitant les chrétiens à *ne pas se conformer au monde présent*, et en nous appuyant surtout sur le Nouveau Testament, nous y avons approfondi l'analyse de ce monde et de la situation des chrétiens en son sein.

Nous voudrions désormais, dans cette quatrième et dernière partie, nous attacher à discerner quatre tendances particulières de ce monde, qui nous semblent en être les expressions les plus caractéristiques, à savoir les cultes de l'avoir, du pouvoir, du jouir et du paraître, qui constituent autant de conditionnements pour les humains.

Paul, en s'efforçant de guider les chrétiens, les invitait à garder les yeux fixés sur Jésus et à marcher dans la vérité, c'est à dire au bout du compte à être libérés des conditionnements de ce monde et à bénéficier de la liberté glorieuse des enfants de Dieu.

À l'opposé donc de tous les conditionnements et de toutes les tendances du monde, cette liberté est avant tout la liberté d'aimer et donc aussi la force d'aimer.

Il s'ensuit alors que la tâche des chrétiens est de discerner les fruits que le Seigneur veut produire dans leur vie et à sa gloire, en n'oubliant jamais que le premier de ces fruits est l'amour. En effet, c'est à l'amour que manifestent les chrétiens que le Seigneur est glorifié.

On est bien loin alors des cultes de l'avoir, du pouvoir, du jouir et du paraître, que nous évoquerons maintenant comme autant de réalités appelant le discernement des chrétiens.

AVOIR

L'être humain ne peut être sans avoir. Créature corporelle, il a besoin de manger, de boire, de se protéger du froid, du chaud, de la pluie et du soleil. Comme il est privé de fourrure et qu'il n'a ni crocs, ni griffes pour se procurer de la nourriture et se défendre contre agresseurs et prédateurs, il ne peut survivre qu'en se donnant des outils, des vêtements, des abris.

En se procurant ces biens indispensables, l'être humain remplit le mandat que Dieu lui a assigné. En effet, selon le récit de la création en Genèse 2.15, le Créateur a placé l'homme dans le jardin *pour le cultiver et le garder.* Dieu en fait en quelque sorte le gardien de sa création. Appelé à cultiver la terre, il a recours à des outils et des techniques qui suppléent à sa faiblesse et lui permettent d'avoir prise sur le monde dans lequel il vit.

Autrement dit, il n'est pas seulement un être de nature, mais aussi un être de culture. Il peut certes jouir des biens que Dieu a mis à sa disposition, mais, sans ses connaissances et leurs applications pratiques, il serait désarmé et livré à la merci de toutes sortes de dangers. Il ne peut donc être sans avoir.

Heureusement, la nature et le travail humain produisent des richesses que les humains peuvent utiliser pour rendre leur vie plus sûre, plus agréable, plus conviviale. C'est particulièrement vrai de la nourriture, du toit ou du vêtement.

Ces richesses sont souvent présentées dans la Bible comme des bénédictions de Dieu, pour lesquelles nous sommes exhortés à rendre grâces. Le psaume 112 déclare en effet : *heureux l'homme qui craint le Seigneur, car l'abondance et la richesse régneront dans sa maison.*

D'autres passages le confirment. Ainsi, ceux qui ont trait au droit d'héritage et qui veillent à ce que les enfants bénéficient des biens acquis par leurs parents : *l'homme de bien laisse un héritage à ses descendants* (Proverbes 13.22).

Aucun être humain ne peut mépriser l'argent et les richesses qu'il procure. Mais chacun de nous est exposé à un danger, contre lequel la Bible nous met en garde : le danger de cupidité. *Tu ne convoiteras pas la maison de ton prochain, tu ne convoiteras pas la femme de ton prochain, ni son serviteur, ni sa servante, ni son bœuf, ni son âne, ni rien qui soit à ton prochain* (Exode 20.17).

Le piège de la cupidité

La cupidité est définie par un dictionnaire comme le désir immodéré de l'argent et des richesses. C'est donc bien de convoitise qu'il s'agit. Le terme grec qui le définit est *pléonexia*, Il est construit sur le terme grec *pléion*, superlatif de *polus*, qui signifie *beaucoup* et donc évoque une idée de superlatif. Définir la cupidité comme un désir *immodéré* signifie qu'il n'est jamais satisfait. Il en faut toujours plus. Pourtant la Bible nous invite plutôt à la modération, à la reconnaissance pour ce dont nous jouissons, et non à l'ambition d'avoir toujours plus.

Il est normal que chacun désire avoir suffisamment d'argent pour vivre et bien vivre. Un prière du livre des Proverbes (30.8) nous éclaire sur l'attitude la plus saine à l'égard de la richesse : *Ne me donne ni pauvreté ni richesse, accorde-moi le pain qui m'est nécessaire, de peur qu'étant rassasié, je ne te renie et ne dise : Qui est l'Eternel ? ou qu'étant dans la pauvreté, je ne commette un vol et ne porte atteinte au nom de mon Dieu.*

La cupidité est une forme de convoitise. Autrement dit, à l'instar des autres formes de convoitise, elle est visée par un des dix commandements du Décalogue : *Tu ne convoiteras pas.* Cependant, tout désir n'est pas déjà convoitise, mais il risque toujours de le devenir, s'il revendique une entière satisfaction. Il peut alors en venir à priver de liberté la personne qui y cède. Elle en devient incapable de respecter le droit du prochain et se donne le droit de convoiter et bientôt de prendre ce qui appartient au prochain. Le voleur ou le violeur sont des exemples de personnes qui ont cédé à la convoitise.

On ne peut parler de cupidité, que lorsque ce désir domine nos pensées et nos aspirations au point de prendre la place de Dieu et d'en devenir le maître. D'où la parole du Seigneur : *vous ne pouvez servir Dieu et Mamon* (Matthieu 6.24). Mamon est le terme par lequel Jésus désigne l'argent et les richesses dès lors qu'ils deviennent des idoles, prenant la place de Dieu dans nos pensées et notre comportement. Argent et la richesse sont ainsi personnalisés en tant qu'objets de culte, d'adoration, de soumission. Pour la Bible, il ne fait donc pas de doute que *la cupidité est une idolâtrie* (Colossiens 3.5).

Il n'est pas surprenant que l'argent soit l'objet de la plus grande convoitise : non seulement il permet de satisfaire toutes sortes de désirs, mais il donne à celui qui le possède une puissance, le pouvoir de réaliser ses rêves et ses ambitions, alors que son absence ou son insuffisance sont une grande (et souvent permanente) source d'inquiétude et de faiblesse. Lorsqu'il en est ainsi, l'argent et les richesses sont devenues des idoles.

C'est pourquoi l'apôtre Paul écrit-il aux Colossiens que *la cupidité est une idolâtrie*, autrement dit que l'argent et les richesses sont des divinités que les humains sont portés à adorer, parce qu'ils croient que la richesse peut leur assurer la sécurité, l'abondance, la force, les honneurs.

L'Évangile nous en donne une bonne illustration, dans la parabole de l'homme riche (Luc 12.16-21). Comme ses terres lui ont beaucoup rapporté, cet homme se dit : *Mon âme, tu as beaucoup de biens en réserve pour plusieurs années. Repose-toi, mange, bois et réjouis-toi.* Mais Dieu lui dit : *Insensé ! Cette nuit même, ton âme te sera redemandée, et ce que tu as préparé, à qui sera-t-il ?* Et Jésus conclut :*Il en est ainsi de celui qui accumule des trésors pour lui-même et qui n'est pas riche auprès de Dieu.* En effet, *la vie d'un homme ne dépend pas de ce qu'il possède, même s'il est dans l'abondance.*

La parabole de l'homme riche est naturellement située dans le monde ancien que connaissaient Jésus. Mais elle peut s'appliquer à toutes les époques de l'histoire des hommes. Même si le monde contemporain est à bien des égards très différent de celui dans lequel vivait Jésus, le danger de mettre sa confiance et son espérance dans l'argent et les richesses reste actuel.

Le piège de la cupidité est toujours présent.

En effet, le monde dans lequel nous vivons au XXIe siècle abonde en incitations à la cupidité. C'était déjà vrai à l'époque du Christ et des apôtres, d'où les avertissements bibliques, et ça l'est encore aujourd'hui. Nous vivons dans un monde où des voix font miroiter à nos yeux les avantages de la richesse, et le malheur d'en être privé. J'en donne ici quelques exemples que j'ai entendus ou dont j'ai été témoin.

En 1960, en plein été, j'ai entendu à la radio les mots suivants : *La vie n'est pas possible sans foi. L'homme a besoin d'un soutien. Sans soutien, il est déraciné. Ce soutien, la loterie nationale peut vous l'apporter.*

Quelques mois plus tard, j'ai lu dans la revue « Tout savoir », *Réussir sa vie, ce n'est pas comme le prétendent les moralistes, mener une vie équilibrée, jouir sans excès des joies de la nature, faire son salut d'une manière ou d'une autre, c'est amasser la chance, c'est-à-dire la richesse.*

De même, dans le roman de Jean-Louis Curtis, « Un jeune couple », nous lisons : *Quand Véronique parlait de ses projets d'avenir, c'était toujours en termes d'acquisitions.* « *Nous achèterons, nous aurons* » *ou de jouissance. (...) Ses convoitises étaient en même temps exorbitantes et modestes, car il aurait suffi d'avoir de l'argent pour les satisfaire.*

Dans un autre roman, « Les choses », de Georges Perec, nous lisons : *Dans le monde qui était le leur, il était presque de règle de désirer toujours plus qu'on ne pouvait acquérir. Ce n'était pas eux qui l'avaient décrété ; c'était une loi de la civilisation.*

Sur un mode plus plaisant, un personnage du roman de Marcel Pagnol, Topaze, tient à peu près le même langage : *Ah ! l'argent, tu n'en connais pas la valeur. Mais ouvre les yeux, regarde la vie, regarde tes contemporains. L'argent peut tout, il permet tout, il donne tout. Regarde ces billets de banque, ils peuvent tenir dans ma poche, mais ils prendront la forme et la couleur de mon désir. Confort, beauté, santé, amour, honneurs, puissance, je tiens cela dans ma main... Tu t'effares, mon pauvre Tamise, mais je vais te dire un secret : malgré les rêveurs, malgré les poètes et peut-être malgré mon cœur, j'ai appris la grande leçon, Tamise : les hommes ne sont pas bons. C'est la force qui gouverne le monde et ces petits rectangles de papier bruissant, voilà la forme moderne de la force.*

Ces remarques peuvent ne pas convaincre. On pourra dire : « C'est de la fiction. Ce sont des romanciers qui tiennent ce langage. Ce n'est donc pas très sérieux ». Mais de nombreux observateurs compétents de la réalité de la société moderne prennent ces remarques assez au sérieux pour s'en inquiéter et même s'en indigner. En effet, elles reflètent un aspect important de la mentalité moderne, c'est-à-dire de l'ensemble des croyances et habitudes d'esprit induisant une manière de penser et d'agir qui s'impose à chacun.

Différents observateurs de la société humaine en sont les témoins

Un journaliste français, François de Closets, a rencontré un franc succès dans une série de livres sur des questions touchant à l'économie : « Le bonheur en plus » (De Noël 1974), « Toujours plus » (Grasset 1982), « Plus encore » (2006). Il y constate que, dans notre monde, l'orgueil et la cupidité se font la courte échelle.

Parallèlement, un savant américain, prix Nobel d'économie, Joseph E. Stiglitz, a publié en 2010 un ouvrage qui a eu un retentissement mondial, et qu'il a intitulé : « Le triomphe de la cupidité ». Il s'inquiète de voir l'accroissement des inégalités, la montée de la pauvreté et l'aggravation de la crise environnementale. Il regrette de constater qu'il n'y a manifestement que peu de rapport entre rémunération et résultat. On en a un exemple éclatant lorsque les dirigeants de compagnies qui avaient subi des pertes record ont obtenu des bonus de plusieurs millions de dollars.

Un autre prix Nobel d'économie, l'Indien Amartya Sen, déclare dans son livre « L'économie est une science morale » : *S'il est vrai que les individus, sans répit, ni compromis, promeuvent seulement leurs intérêts personnels étroits, alors la poursuite de la justice sera entravée à chaque pas par ceux qui ont quelque chose à perdre à tout changement proposé.*

Un auteur américain, Henri de Bodinat, docteur en business de l'Université d'Harvard, a écrit un article dans lequel il constate à regret, que dans l'ensemble des sociétés occidentales la cupidité est devenue la valeur suprême, empoisonnant l'organisme social. Il définit la mentalité dominante par la volonté de s'enrichir, de gagner le plus d'argent possible et donc de jouir de tous les avantages que l'argent assure. C'est là un exemple du *triomphe de la cupidité* dénoncé par Stiglitz et, bien avant lui, par la Bible.

Chercher à résoudre le problème par des lois est une impossibilité. Il est dangereux de prétendre légiférer dans tous les domaines, de décréter à l'avance que tel ou tel bien, telle ou telle action est conforme à la volonté de Dieu. Une société saine et libre doit veiller à laisser à ses membres une réelle liberté de choix dans ces domaines et limiter les interdictions à des objets ou des activités dont le caractère nocif ou dangereux ne peut être nié. Les régimes totalitaires comme le nazisme ou le communisme se méfiaient tellement des risques qu'impliquait la liberté individuelle qu'il exerçaient un contrôle sévère non seulement sur les activités économiques, mais aussi sur les activités cultuelles : le cinéma, le théâtre, l'édition et surtout l'éducation, les enfants étant jugés plus malléables et donc plus aisément contrôlables.

Mais la question de l'avidité n'est pas seulement une question de salaires. Un théologien européen, Frédéric de Coninck, s'inquiète en constatant l'émergence de masses financières considérables, qui migrent sur le globe, loin de l'activité de production ou de consommation réelle : *Cet affairisme qui ignore les réalités sociales de la production, de la consommation, de la vie quotidienne, de la souffrance du pauvre, recrée une concentration du pouvoir et des décisions peu différentes de la monarchie absolue... Les machines sont de plus en plus rentables et, par comparaison, les hommes coûtent de plus en plus cher. Il s'ensuit que les travailleurs passent au second plan, sinon plus loin encore, dans les calculs de rentabilité.*

La trahison de l'opulence ou les lendemains qui déchantent

On ne sera pas surpris d'apprendre que de nombreux chrétiens partagent cette réaction d'inquiétude et d'indignation devant une telle situation. De nombreuses voix, au sein des Eglises chrétiennes, se sont élevées et continuent à s'élever pour dénoncer la cupidité de certains de leurs contemporains et les fortunes indécentes qu'ils accumulent sans aucun souci de la pauvreté de certains de leurs frères,

Cette inquiétude se retrouve aussi chez beaucoup, en dehors de la foi chrétienne. Deux sociologues contemporains, Jean-Pierre Dupuy et Jean Robert, dans leur livre, « La trahison de l'opulence », posent la question suivante : *Comment se fait-il qu'à mesure que les gens deviennent plus riches, ils deviennent plus futiles, plus incapables de se rencontrer, de s'intéresser à autre chose qu'à eux-même, qu'ils ne prennent plus le temps de penser aux « vraies » questions? Comment se fait-il qu'ils n'agissent plus par eux-même et ne sachent plus que consommer » ce que d'autres ont fait pour eux .*

Un des regrets de ces auteurs est que *les gains de productivité sont convertis en ressource matérielles au lieu de l'être en ressources temporelles.* Ce qu'ils entendent par *ressources temporelles* c'est le temps libre consacré aux loisirs, aux soins de sa famille, aux activités culturelles. Certes, la société de consommation a permis à un grand nombre de mener une vie plus sûre et plus agréable, mais elle n'a pas libéré les humains de l'insatisfaction et donc de l'envie.

L'une des raisons de cette inquiétude persistante tient au fait que chacun de nous peut constater que certains autres sont mieux lotis que lui. De grandes inégalités demeurent. Si certaines inégalités scandaleuses semblent avoir diminué, d'autres se sont au contraire creusées.

Certaines manifestations de cette soif de richesse suscitent de l'inquiétude chez beaucoup, même parmi les acteurs du monde économique. Ainsi Laurence Parisot, ancienne présidente du Medef, s'est indignée d'apprendre qu'un dirigeant d'entreprise, qui a été démis de ses fonctions à cause de prétentions excessives (alors qu'il touchait un salaire de quatre millions d'euros) a pu bénéficier d'une prime de départ de treize millions. *Cela me soulève le cœur*, a-t-elle dit.

La liberté d'aimer et de donner

De nombreuses voix incitent les chrétiens, comme les autres, à donner à l'argent la première place dans leurs pensées et leurs actions, mais ils sont conscients de ce danger et s'efforcent d'y résister, souvent avec succès. En effet, la liberté à l'égard de l'argent et des richesses n'est pas là une utopie irréalisable. Aux yeux du monde, peut-être, mais pas dans l'Église de Jésus-Christ. L'enseignement de Jésus et des apôtres nous exhorte avec clarté et avec fermeté.

Ainsi Jésus, dans l'Évangile selon Matthieu : *Ne vous amassez pas des trésors sur la terre, où les ver et la rouille détruisent et où les voleurs percent et dérobent et il ajoute : Là où est ton trésor, là aussi sera ton cœur.* (Matthieu 6.19-21)

De son côté, l'épître aux Hébreux (13.5) nous y engage : *Que votre conduite ne soit pas inspirée par l'amour de l'argent ; contentez-vous de ce que vous avez, car il a dit lui-même : je ne te délaisserai jamais, je ne t'abandonnerai jamais.* Se contenter signifie à la fois, apprécier ce que l'on a, s'en réjouir, mais aussi ne pas faire de la recherche de moyens toujours plus grands une obsession.

Le livre des Actes nous rapporte que l'apôtre Paul, dans ses adieux à l'Église d'Éphèse, cite une parole du Seigneur Jésus : *Il y a plus de bonheur à donner qu'à recevoir.*

Le discernement nécessaire:

Il y a une réalité dont il nous faut prendre conscience : les biens que possède une personne sont un critère de jugement social. Autrement dit, les pauvres sont le plus souvent méprisés, tenus pour quantité négligeable.

Pour passer outre à cette forme de jugement, de discrimination, et donc pour les pauvres de mépris, il faut une force, qui n'est naturelle à personne. Mais elle peut être un fruit de la foi en Christ. En effet, la liberté à l'égard de l'argent et de ses promesses est l'une des grâces que le Saint-Esprit, en accord avec la Parole de Dieu, donne aux chrétiens. La question qui se pose à chacun est celle du choix dans l'usage de ses biens et surtout de son argent.

Si le droit au toujours plus est souvent la règle dans le monde, ce ne doit pas être le cas dans l'Église de Jésus-Christ. Tout au long de l'histoire de grands chrétiens se sont élevés contre les injustices qui minent la société des humains : Saint-Vincent de Paul ou l'Abbé Pierre en France, Nelson Mandela en Afrique du Sud, Toyohito Kagawa au Japon, Martin Luther King aux Etats Unis.

Nous ne sommes pas tous appelés à nous engager dans des actions publiques pour lutter contre la tyrannie de l'avoir, mais tous les chrétiens sont appelés à témoigner aussi bien par des paroles que par leur comportement, que Mamon n'est pas leur dieu.

C'est d'abord par sa manière de vivre que doit se manifester la liberté du chrétien à l'égard de Mamon. Cela n'implique pas le choix d'un grande pauvreté, surtout chez ceux qui ont des enfants. Il ne serait pas juste à leur égard de leur imposer une vie de privations et de renoncements dont ils ne comprendraient pas les raisons.

Mais cela implique la capacité de renoncer à certains avantages sociaux et financiers dès lors qu'on perçoit qu'ils risqueraient d'entraîner une dépendance, et même, dans trop de cas une idolâtrie.

C'est une invitation à un style de vie plus simple, libre à l'égard de certains biens et avantages financiers et sociaux qui pourraient menacer l'intégrité d'une vie qui se veut libre, parce que consacrée au Seigneur.

POUVOIR

Le terme de pouvoir évoque couramment deux sens proches, mais qu'il est nécessaire de distinguer : la capacité et l'autorité.

La capacité

Elle est essentiellement la possibilité d'agir dans tel ou tel domaine et de réaliser ce que l'on a projeté. « Je peux faire ceci ou cela : j'en ai la possibilité et les moyens ».

Ce pouvoir-capacité est évidemment préférable à l'impotence, c'est-à-dire l'incapacité de se mouvoir ou d'agir. Il suffit de penser ici au découragement d'un enfant qui désire ardemment accomplir tel ou tel acte, et n'y parvient pas. Son « je ne peux pas » trahit son découragement.

Le monde actuel dispose indiscutablement de capacités et de moyens bien plus grands que ceux dont disposaient nos pères. La technique moderne a multiplié les moyens qui permettent aux humains de dominer la nature et de mettre à leur service les forces que nos ancêtres ne pouvaient que subir.

Nous vivons dans une société d'abondance et nous ne pouvons que nous réjouir du développement considérable des techniques qui permettent aux humains d'avoir prise sur leur environnement.

Qui d'entre nous voudrait revenir à un monde où on ne se déplaçait qu'à pied ou à cheval, où l'espérance de vie était limitée à quelques décennies, où on ne pouvait se chauffer qu'au bois ou au charbon, où on ne disposait que de faibles moyens pour se nourrir ou s'habiller ?

L'autorité

Le terme de pouvoir évoque aussi, l'autorité, la domination, la capacité d'imposer sa volonté à d'autres et donc le pouvoir d'orienter et de diriger les affaires d'un groupe humain. Dans la Bible, aussi bien les prophètes, Jésus que les apôtres reconnaissent la nécessité d'autorités dans la société humaine.

Et tout d'abord, l'autorité parentale. C'est en effet la famille qui donne la plus belle illustration d'une autorité nécessaire et, en principe, acceptée.

L'autorité des parents est partout jugée nécessaire, pour la protection des enfants contre les dangers du monde extérieur. Leur manque d'expérience ne leur permet pas, surtout lorsqu'ils sont petits, de se garder de ces dangers. Il appartient donc aux parents de prendre les décisions nécessaires en vue de leur croissance vers la maturité.

Pour cette raison, la Bible exhorte les enfants à honorer leurs parents et à leur obéir. Cependant, au fur et à mesure que les enfants grandissent, on peut leur reconnaître une plus grande responsabilité et une plus grande autonomie. D'où cette autre exhortation apostolique : *Pères, n'irritez pas vos enfants* (Ephésiens 6.4).

Cependant la responsabilité ne peut être donnée d'un seul coup, même si elle est au cœur de l'éducation parentale. Elle sera forcément progressive, et tiendra compte des capacités, des expériences et de la maturité des enfants, et donc du degré de responsabilité qu'il est possible de leur reconnaître.

L'exemple de la famille n'est pas unique. Dans toutes les sociétés humaines, une coexistence pacifique n'est possible que si chacun fait place aux autres et respecte leurs besoins et leurs opinions. Il peut arriver en effet que l'exercice de mes compétences et de mes capacités soit en conflit avec les désirs et la volonté de certains de mes prochains, qui eux aussi revendiquent la liberté de réaliser leurs projets.

J'ai lu à ce sujet, dans un roman d'Anne Perry, la remarque suivante : *Les gens au pouvoir ne l'abandonnent jamais de leur plein gré. En général, on le leur reprend par la force , ou bien il leur échappe parce qu'ils sont trop faibles ou trop corrompus pour le garder...*

La nécessité de la loi

Nos capacités ne s'exercent pas dans un vide. Nous vivons dans un monde habité. Il arrive souvent que nos désirs, nos projets, nos réalisations se heurtent à ceux d'autres personnes. Il en résulte des tensions, souvent même des conflits.

Personne ne peut réaliser ses désirs sans tenir compte des autres.

La question qui se pose alors est de savoir dans quelle mesure j'ai le droit le de faire prévaloir ma volonté sur celle des autres. Comment résoudre un pareil conflit sans que l'un soit lésé et que l'autre impose arbitrairement sa volonté ?

Pour répondre à cette question, toutes les sociétés humaines se donnent des lois, dont un des rôles est de préciser jusqu'où chacun peut revendiquer le droit de se comporter et de faire prévaloir sa volonté, sans devenir un danger pour autrui.

C'est clairement là une des raisons d'être de la loi divine, dont l'expression la plus décisive se trouve dans le Décalogue, les Dix commandements qui constituent la charte de l'Alliance, selon Exode au chapitre 20.

Toute loi comporte des interdictions

La forme négative de ces commandements inquiète beaucoup de gens. *Tu ne feras pas ceci ou cela.* N'est-ce pas là mettre une limite à notre liberté ?

On ne peut douter que notre revendication de liberté se heurte fréquemment à des lois, qui sont à nos yeux des interdictions. Nos désirs, en effet, sont pratiquement sans limites. Mais si rien ne venait les modérer et les orienter, ils risqueraient d'entraîner de multiples conflits avec d'autres humains. Un des rôles de la loi est de veiller à ce que la liberté des uns ne soit pas un danger pour les autres.

Il faut en effet comprendre que la sagesse déconseille fortement de se croire assez intelligent pour négliger les conseils et les enseignements des personnes plus expérimentées. Les adultes aussi doivent se soumettre à des lois. Pour les y exhorter, et parfois même pour les y contraindre, chaque société humaine se dote d'un code de lois et d'un pouvoir de police chargé de veiller au maintien de l'ordre public. Les lois n'ont pas pour objet de restreindre la liberté humaine, mais bien de constituer une protection contre les comportements qui menacent la paix, les biens et la liberté des citoyens.

On retrouve la même nécessité dans la famille. Cela se conçoit aisément en ce qui concerne les enfants. Surtout lorsqu'ils sont petits, les limites de leurs connaissances et leur manque d'expérience les fragilisent face aux influences extérieures susceptibles de leur nuire. C'est donc aux parents que revient la responsabilité de les instruire et de les protéger des dangers du monde qui les entoure.

C'est ainsi qu'on trouve dans la Bible des exhortations à écouter l'enseignement donné par les parents et à y obéir. L'apôtre Paul écrivait par exemple : *Enfants, obéissez à vos parents* (Éphésiens 6.1). Cette discipline est d'autant plus nécessaire que les enfants ne sont pas encore en mesure de prendre les décisions nécessaires en vue de leur croissance, de leur santé, de leur éducation.

La nécessité de la loi été reconnue par toutes les sociétés humaines, bien qu'elle soit souvent mal perçue et même refusée lorsque les circonstances et la culture dominante révèlent le caractère inadapté et injuste d'une législation. C'est ce qui risque toujours de se produire lorsqu'une société évolue et en vient à mettre en question la légitimité de la législation traditionnelle.

Lorsque les lois sont dépassées et inadaptés, elles paraissent injustes. C'est ce qui s'est produit dans une grande partie du monde au XXe siècle et encore au XXIe. Il en résulte chez beaucoup une revendication de liberté et d'autonomie, c'est à dire du droit de contester et modifier une législation jugée inadaptée et donc injuste.

Les lois sont nécessairement contraignantes, mais si elles ne sont plus adaptées aux besoins réels de la société et de ses membres, elles paraissent alors écrasantes. C'est bien ce qui s'est produit dans la société contemporaine, dont les législations ont du mal à suivre et maîtriser les transformations dues au progrès technique et aux changements de mentalité qui en découlent.

Cette contestation se justifie d'autant plus aujourd'hui, parce que les facilités de déplacement et les médias nous font connaître d'autres façons de faire que celles qui ont cours dans notre société. Cela renforce le sentiment largement partagé qu'il y a d'autres façons d'être et de faire que celle qui nous ont été enseignées. Du coup, nous sommes attirés vers d'autres coutumes que les nôtres, qui en viennent à nous paraître trop restrictives.

Cela conduit à une revendication de liberté et donc à un refus de nous laisser imposer des règles de comportement limitées à ce qui a cours dans notre société.

Les risques de l'autonomie

L'autonomie fortement revendiquée dans la société contemporaine a des avantages indiscutables, mais elle a aussi des effets pervers.

En effet, la volonté de s'affirmer chez l'un se heurte à une semblable volonté chez les autres. Les humains sont alors portés à se défendre, se protéger, dresser des barrières entre eux et les autres. Trop souvent dans l'histoire, cela s'est traduit par une volonté de s'armer, donc d'être le plus fort, pour ne pas se laisser dominer. Rien d'étonnant alors si l'histoire de l'humanité est très largement une succession de conflits entre nations ou classes sociales.

Pour que ces conflits ne dégénèrent pas en guerres meurtrières, les humains ont été amenés à s'organiser de telle façon que des autorités reconnues par tous (ou tout au moins la majorité) établissent un cadre juridique qui, en prévoyant des recours en cas de conflits, permette, sinon une harmonie parfaite, du moins une coexistence pacifique.

A toutes les époques, on a reconnu à certains le droit d'exercer une autorité sur d'autres, en vue d'une vie commune plus harmonieuse ou d'une œuvre à accomplir avec efficacité. Mais alors que cette autorité est justifiée par le service qu'elle rend, elle en vient vite à revendiquer un pouvoir sans limite...

Les risques de l'excès de pouvoir

Autant nous pouvons nous réjouir du pouvoir que les humains sont parvenus à acquérir sur la nature, autant nous avons des raisons de craindre les abus d'autorité, autrement dit le développement de pouvoirs non contrôlés par la sagesse et l'amour.

De tels abus de pouvoir se manifestent par exemple lors que, pour parvenir à nos fins, nous mettons en œuvre tous les moyens possibles, injustes ou malhonnêtes s'il le faut, pour faire triompher nos désirs. On peut alors parler de soif du pouvoir.

Le désir d'être le seul maître, et donc de pouvoir se faire servir et obéir, est sans aucune doute un des plus puissants motifs de comportement humain.

On ne le rencontre pas seulement dans le monde politique, mais dans tous les domaines de l'activité humaine, dans le travail, la famille, le sport et même l'Église de Jésus-Christ.

C'est bien parce qu'ils étaient conscient de ce danger que Jésus et l'apôtre Paul demandent à ceux qui exercent des responsabilité dans le monde, dans la famille ou dans l'Église, d'y prendre garde. C'est ainsi que Jésus dit à ses disciples : *Vous savez que les chefs des peuples les commandent en maîtres et que les grands personnages leur font sentir leur pouvoir. Mais cela ne doit pas se passer ainsi parmi vous.*

Le pouvoir n'a trop souvent d'autre objectif (et d'autre justification) que son propre développement. Aussi cherche-t-il à menacer, à contraindre, à sévir contre ceux qui ne se plient pas à ses lois.

L'histoire humaine illustre de façon frappante le risque d'abuser d'une autorité, même si celle-ci est reconnue et justifiée. On rencontre à chaque époque de nombreux abus d'autorité, des tyrannies, des pouvoirs refusant toute limite et exploitant les plus faibles.

L'histoire de France, en particulier, est illustrée par une suite de conflits de pouvoir aboutissant à des dominations de durées variables, mais qui ont dû ensuite céder la place à d'autres pouvoirs. La Gaule romaine était ainsi soumise à l'autorité de Rome, qui l'exerçait au moyens de procurateurs, représentants de l'empereur. Puis l'affaiblissement du pouvoir romain a permis à un grand nombre de seigneurs d'exercer leur autorité dans le fief qui leur était attribué. Cela entraînait un indiscutable désordre, que l'établissement de la royauté a cherché à supprimer.

Le pays a été dirigé pendant des siècles par un pouvoir royal, parfois fragile, mais de plus en plus absolu avec les Bourbons, et surtout Louis XIV, qui est allé jusqu'à dire : *l'État, c'est moi.* Celui-ci se targuait d'un pouvoir absolu, si bien que personne n'osait s'opposer à sa volonté. Sa volonté avait force de loi. Dans cette perspective il pouvait entreprendre des guerres qui exaltaient son prestige, ou persécuter des dissidents, dont les protestants.

Sans doute, ne sommes nous plus à l'époque du pouvoir absolu tel que l'ont revendiqué des rois comme Louis XIV ou des tyrans comme Hitler. On ne peut que s'en réjouir, mais il convient de rester vigilant. En effet, toujours et partout les puissants s'efforcent d'affermir leur pouvoir et d'obtenir de tous une entière soumission, par des décrets , des lois et des menaces à l'égard de possibles résistances.

Même dans un contexte de pouvoir absolu, sous le règne de Louis XIV, les opinions non-conformistes n'ont pas été entièrement étouffées. Une personnalité de premier plan, a osé s'opposer à la volonté royale. Il s'agit de Vauban, un grand ministre du Roi Louis XIV.

Vauban, que sa compétence avait rendu indispensable au roi, a eu le courage de demander au roi de permettre aux Huguenots chassés de France, à cause de leur foi, de revenir et de retrouver place dans le Royaume. Cette demande était clairement une critique de la politique suivie par Louis XIV, qui faisait de la soumission aux convictions du roi et non seulement à ses ordres, le ciment du royaume.

Parallèlement, il lui a proposé de remplacer le système d'imposition inefficace et injuste qui s'était établi et qui pesait lourdement sur les plus pauvres, en permettant aux riches de jouir sans danger et sans remords de leurs biens.

Il lui a proposé d'instituer une nouvelle forme d'imposition : la Dîme Royale, que tous devraient payer, les riches comme les pauvres, en proportion de leurs moyens. C'était là une mesure révolutionnaire aux yeux des nobles et des riches, qui constituaient le principal soutien du roi.

La liberté de parole de Vauban n'a certes pas plu à Louis XIV et elle a valu à son ministre une certaine disgrâce, mais le roi n'a pas osé le congédier ou le punir, tant il avait besoin non seulement de ses compétences, mais aussi de sa clairvoyance et de son franc-parler.

Vauban avait en effet la conviction qu'une bonne autorité ne doit pas chercher à contraindre, mais à convaincre. A cet effet, elle enseigne, explique, dialogue ; ce qui exclut l'usage de la force, de la ruse, du mensonge ou de techniques de manipulation de l'opinion. Trop souvent, cela ne se fait pas sans mal, sans risque d'injustice. Mais l'absence d'autorité et le « chacun pour soi », conduisent bien plus souvent encore à des injustices ou à des conflits.

La nécessité de règles communes

La tentation du pouvoir absolu a toujours été présente dans les sociétés humaines, y compris dans les occupations librement choisies, comme le sport. Dans chaque sport les participants acceptent de se plier à des règles communes et de se soumettre aux décisions d'un arbitre. Mais il n'est pas rare que les décisions de l'arbitre soient sévèrement contestées, aussi bien par les joueurs que par les spectateurs.

Le respect d'une discipline communément acceptée ne nous est pas naturelle. Chacun voudrait être celui qui trace les limites et impose une législation qui oblige les autres à les respecter. Si la nécessité d'une soumission aux lois ou aux règles communes nous apparaît souvent comme nécessaire, elle va quand même à l'encontre de nos désirs profonds, de notre ambition de pécheurs, qui cherchent avant tout à faire prévaloir leur volonté.

L'Écriture nous dit que Jésus *enseignait avec autorité et non comme les scribes* (Matthieu 7.29). Les scribes avaient pour charge la transmission d'un savoir qu'ils avaient eux-mêmes reçu de la tradition. Ils étaient en quelques sorte des répétiteurs.

Mais ce n'est pas là un rôle d'importance secondaire. Si personne ne remplissait ce rôle, une grande partie du savoir et des techniques qui rendent la vie plus sûre et plus agréable serait perdue. Une société qui méprise les parents et les enseignants ne peut que s'affaiblir.

Il n'est donc pas étonnant que les scribes et les pharisiens soucieux d'être en tous points fidèles à la volonté de Dieu aient joui de la considération du peuple des fidèles. Mais leurs prétentions à la sainteté ne résistaient pas au regard scrutateur de Jésus. Il savait discerner, derrière les apparences de piété, des motifs moins honorables, tel le souci d'être admirés et donc d'exercer une influence et même un pouvoir sur l'ensemble des fidèles.

Les récits évangéliques nous en fournissent une bonne illustration. A différentes reprises, leur première réaction aux paroles ou aux actions du Seigneur, témoigne de leur incapacité à comprendre la pensée et l'action du Maître. Ainsi par exemple, les disciples cherchent à se faire les protecteurs de Jésus. Dans un passage de l'Évangile selon Luc (9.51-60), les disciples proposent au Maître de châtier les Samaritains qui ont refusé de le recevoir. Jacques et Jean proposent alors de faire tomber le feu du ciel sur des rebelles. Mais Jésus les reprit sévèrement : *vous ne savez de quel esprit vous êtes animé. Car le Fils de l'homme est venu, non pour perdre les âmes de hommes, mais pour les sauver.*

D'autre part, les disciples se chamaillent entre eux pour savoir lequel est le plus grand, ainsi selon Matthieu 18.1-4 : *A ce moment-là, les disciples s'approchèrent de Jésus et lui demandèrent : Qui donc est le plus grand dans le Royaume des cieux Alors Jésus appela un petit enfant, le plaça au milieu d'eux et leur dit ; Vraiment, je vous assure si vous ne changez pas d'attitude et ne devenez pas comme de petits enfants , vous n'entrerez pas dans le Royaume des cieux.*

Jésus cependant ne désespère pas d'eux. Bien que leur mentalité, soit encore marquée par le monde ambiant et donc la tentation d'exercer une domination sur les autres, comme l'indique le passage cité ci-dessus, il leur confie la tâche de faire de toutes les nations des disciples (Matthieu 28.18-20), mais pas des subordonnés.

Comment pourraient-ils en être capables, sans la promesse qui accompagne leur envoi en mission : *Vous recevrez une puissance, le Saint-Esprit descendant sur vous, et vous serez mes témoins à Jérusalem, dans toute la Judée, dans la Samarie et jusqu'aux extrémités de la terre* (Actes 1.8). C'est l'action du Saint-Esprit dans le cœur des disciples, qui permet à l'Église de remplir la mission que Jésus lui a confiée, sans tomber dans le culte du pouvoir, de la domination, de l'oppression.

Autorité et pouvoir

Il me paraît nécessaire d'insister sur la différence fondamentale qui existe entre l'autorité et le pouvoir.

Alors que le pouvoir cherche à contraindre et, pour y parvenir, use de menaces, de sanctions et brandit la peur du châtiment, l'autorité cherche avant tout à convaincre, et à cet effet, explique, écoute. Elle demande la confiance, explique, enseigne, dialogue, afin d'obtenir une adhésion libre, fondée sur une forte conviction et donc capable de résister à des fatigues, des fluctuations des sentiments mal assurés.

Le pouvoir tend toujours à la domination ; l'autorité rend un service nécessaire. Cependant, l'autorité peut avoir recours au pouvoir pour vaincre une rébellion. Mais c'est là bien souvent le signe d'un échec de l'autorité.

Les évangiles nous donnent de nombreux exemples de l'autorité de Jésus Son but n'est jamais d'asservir, mais au contraire de libérer. C'est ainsi que nous lisons que ses disciples étaient frappés par son autorité, émerveillés par la puissance de son enseignement (Marc 1.23-27). Cela les a conduits à reconnaître en lui l'envoyé de Dieu, le maître incomparable.

Cependant, sa parole et ses actes les déroutaient parfois. C'est ainsi que l'Évangile selon Jean nous rapporte qu'à un moment plusieurs des disciples de Jésus se retirèrent en arrière et cessèrent d'aller avec lui. Jésus dit alors aux douze : *Et vous, ne voulez-vous pas aussi vous en aller ?* Simon Pierre lui répondit : *Seigneur, à qui irions-nous ? Tu as les paroles de la vie éternelle.* (Jean 6.6-69).

C'est cette conviction partagée par les autres apôtres, qui leur a permis de rester fidèles à Jésus malgré moqueries et menaces. Et si, au moment de sa condamnation et de sa mort sur la croix, plusieurs l'abandonnèrent un moment, ils lui restèrent cependant si bien attachés qu'ils purent constituer le noyau du nouveau peuple de Dieu, qu'est l'Église chrétienne.

Le vrai fondement de l'autorité

Il est essentiel de comprendre que le fondement de l'autorité de Jésus, mais aussi de toute autorité dans l'Église, n'est pas une volonté humaine, mais un mandat reçu de Dieu en vue d'une tâche à accomplir. C'est en vue de l'accomplissement de cette tâche que Dieu confie une autorité à ses apôtres.

L'autorité parentale en est un bon exemple. Les jeunes enfants ont besoin d'avoir auprès d'eux des adultes en qui ils peuvent avoir confiance. D'une part parce que ces aînés ont vécu eux-mêmes des situations comparables et ont pu en tirer des leçons valables pour les plus jeunes, ces éducateurs s'étant révélés, sinon parfaits, du moins dignes de confiance, soucieux du bien de ceux qui leur étaient confiés et non de leur seule autorité. D'autre part, parce qu'ils ont démontré que leur principal souci n'était pas la recherche du pouvoir, mais le souci du bien des autres.

Dans tous les domaines de la vie on rencontre ainsi des hommes et des femmes qui ont gagné la confiance des autres (ou de certains autres), d'une part à cause de leurs compétences et d'autre part de leur désintéressement.

L'apôtre Paul était conscient de la fragilité de son autorité d'un point de vue humain. Cela se remarque particulièrement dans sa seconde épître aux Corinthiens. Il écrit à des chrétiens qui se sont convertis par le moyen de son ministère, mais qui en sont venus à contester son autorité.

Au lieu de se recommander lui-même ou de présenter des lettres de recommandation, il écrit : *Notre lettre, c'est vous-mêmes, une lettre écrite dans notre cœur que tout le monde peut connaître et lire. Il est évident que vous êtes une lettre que le Christ a confiée à notre ministère et qu'il nous a fait écrire non avec de l'encre, mais par l'Esprit du Dieu vivant, non sur des tablettes de pierre, mais sur vos cœurs.*

Malgré les oppositions qu'il a rencontrées, il garde la forte conviction qu'il doit poursuivre sa mission, parce qu'elle lui a été confiée par le Seigneur. C'est ainsi par exemple qu'il introduit sa lettre aux Galates par les mots : *Paul, apôtre, non de la part des hommes, ni par l'intermédiaire d'un homme, mais par Jésus-Christ et par Dieu, le Père , qui l'a ressuscité d'entre les morts.*

Sa confiance ne repose pas sur sa propre fidélité, ses propres capacités, mais sur l'appel qu'il a reçu de Jésus-Christ, appel au service d'apôtre, vocation à laquelle il a le souci de répondre, et qui lui fut confiée par le Seigneur.

Dans sa première épître aux Corinthiens, il défend son autorité d'apôtre, face à ceux qui la contestent. Mais il préfère renoncer aux avantages de son ministère, et surtout à un salaire, pour garder sa liberté d'apôtre de Jésus-Christ.

Dans sa deuxième épître aux chrétiens de la même ville, il explique que s'il doit intervenir avec autorité dans une situation où l'Église est menacée, il a souci de le faire dans le but de construire et non de détruire. Il déclare n'avoir de pouvoir que pour la vérité (et non pour imposer ses idées).

Ainsi donc, l'autorité dont jouit un serviteur de Dieu (qu'il soit pasteur, évangéliste, enseignant ou diacre) ne tient que si son service est libre.

C'est ce que démontre le cantique du serviteur souffrant dans l'épître aux

Philippiens (2.4-11) ou le texte de l'apôtre Pierre, qui avait été le plus en vue des apôtres et qui avait compris que son rôle n'était pas de dominer mais de servir, ainsi qu'il le rappelle à d'autres responsables de l'Église : *Prenez soin comme des bergers du troupeau que Dieu vous a confié ; veillez sur lui avec bonne volonté comme Dieu le désire, et non à contre cœur. Accomplissez votre tâche, non par désir de gagner de l'argent, mais par dévouement. Ne cherchez pas à dominer ceux qui ont été confiés à votre garde, mais soyez des modèles pour le troupeau (1 Pierre 5.2-3).*

L'autoritarisme, autrement dit l'abus d'autorité, est un fruit de la convoitise du pouvoir. L'Évangile, à l'inverse, est une invitation à passer de l'esprit de domination à l'esprit de service. C'est l'une des principales transformations que l'Esprit du Seigneur accomplit dans la vie d'un croyant.

Il ne s'agit plus d'une *proie à arracher,* mais d'une volonté de servir par amour pour les prochains. Autrement dit, c'est d'une liberté qu'il s'agit, la liberté de dire avec l'apôtre Paul : *Nous nous disons vos serviteurs à cause de Jésus (2 Corinthiens 4.5).*

JOUIR

Tout naturellement, les humains sont portés à tourner leurs regards et leurs pensées vers ce qui leur promet le plus de satisfaction et répond à leurs désirs du moment ou à leurs espoirs et leurs rêves pour l'avenir. Ces objets ou ces situations deviennent alors des objectifs prioritaires, dignes d'être convoités au premier chef. Ils occupent une place centrale dans leurs pensées, et bientôt dans leur emploi du temps.

On est obligé de reconnaître que le monde dans lequel nous vivons facilite et encourage une telle orientation. Il nous propose en effet de faire de la satisfaction de nos désirs l'objectif premier de notre vie.

C'est ainsi qu'an mai 1968, on a pu lire sur un mur à Paris l'inscription suivante : *Jouissez-jouissez, la procréation n'est qu'un accident* ! Autrement dit, prenez votre plaisir, sans vous soucier des conséquences qu'il peut entraîner pour les autres. De tous temps, les hommes ont été tentés de rechercher leur plaisir dans les relations sexuelles, sans trop s'inquiéter des conséquences que cela pourrait entraîner pour leur partenaire féminin.

Eric Fromm dans son livre « L'art d'aimer », écrit que *l'homme cherche aujourd'hui son bonheur dans le divertissement. L'homme de goût s'emploie à faire de sa vie un itinéraire ponctué d'étapes délicieuses, riches en coups de cœur. Il s'adonne au plaisir l'âme sereine, car il sait que là est sa vertu.* Par conséquent, *il prend plaisir à consommer, à ingurgiter des marchandises, spectacles, nourritures boissons, cigarettes, gens, conférences, livres, films, il avale tout.*

Un journaliste, Jean-François Kahn, dans un livre intitulé « Complot contre la démocratie », résume le message que nous fait entendre la publicité par ces mots : *Succombez à la tentation. Il devient obligatoire de se laisser aller à ses caprices sexuels et de céder à ceux d'autrui.*

Un autre auteur, M. Bellet, voit comme principe de base du comportement dominant de notre temps le jouissance à tout prix.

On prône donc un droit sans limite à la jouissance immédiate. Toute loi contraire est dite irréaliste et donc sans effets. L'être humain est impuissant devant la passion, qui, comme l'indique son étymologie (*patior*, souffrir), est subie et non choisie.

Cette conception de la vie est souvent qualifiée d'épicurienne. Mais ce qualificatif n'est pas exact. Pour le philosophe grec Epicure, le but de la vie n'est pas tant la recherche des plaisirs que la liberté de l'âme.

L'idéal est d'être si bien libéré des superstitions et des passions que l'on peut parvenir à la paix. Il serait donc plus juste d'employer le terme d'*hédonisme* , pour désigner cette conception de la vie. L'hédonisme en effet enseigne que la paix et la joie sont des sous-produits de la satisfaction des désirs.

Le plaisir avant tout ?

Il faut reconnaître qu'à l'inverse de cette priorité donnée à la recherche du plaisir, les moralistes sont portés à mépriser ceux qui font du plaisir le but premier.

C'est le cas des auteurs bibliques : en effet, ils nous mettent en garde contre les dangers d'une vie consacrée à la seule recherche du plaisir. Et cela, parce que le plaisir, bien que légitime, n'est pas dépourvu de dangers.

Dans la parabole du semeur, au chapitre 8 de l'Évangile selon Luc, Jésus évoque *ceux qui se laissent étouffer par les plaisirs de la vie*, au point de se rendre sourds à l'annonce de l'Évangile. De son côté, l'apôtre Paul met en garde son jeune compagnon Timothée contre le danger *d'aimer le plaisir plus que Dieu* (2 Timothée 3.4) et va jusqu'à dire que *celle qui vit dans les plaisirs est morte* (1 Timothée 5.6).

Quand on lit de tels textes, on peut comprendre qu'aujourd'hui encore, aux yeux de beaucoup, le plaisir est l'un des grands, sinon le plus grand ennemi de la foi chrétienne.

D'une part, parce qu'il peut être mauvais en soi, en prenant la première place dans nos pensées et dans nos actes, mais aussi parce qu'il risque de détourner les croyants de l'obéissance au Seigneur.

C'est ainsi qu'un petit livre écrit au début du XXe siècle mettait en opposition l'homme de devoir (c'est-à-dire le bon chrétien) et l'homme de plaisir (l'incroyant, se souciant peu de la volonté de Dieu).

On ne peut nier qu'aujourd'hui encore beaucoup ont fermé leurs oreilles et leur cœur au message de l'Évangile par peur de devoir renoncer à des plaisirs auxquels ils étaient attachés. C'est ainsi qu'un jeune m'a dit un jour : *La principale différence entre les chrétiens et les autres, c'est que les chrétiens doivent renoncer à toutes sortes de plaisirs* (sous entendus autorisés aux autres) ou qu'un jeune Canadien ait pu confesser : *J'avais sérieusement envisagé de devenir chrétien ; ce qui m'a retenu, c'est que je ne pourrais plus profiter de certains plaisirs comme mes copains.*

Un autre exemple m'a été donné par un journaliste catholique, qui a pu écrire, (tout en le regrettant) : *J'ai été élevé dans l'idée que tout ce qui est bon, de la paresse à la tarte aux fraises est un péché.* C'est bien là une idée largement répandue. Mais elle ne correspond pas du tout à ce que nous révèle la Bible.

Dieu bénit le repos des travailleurs

Dieu ne condamne pas le plaisir, mais le culte du plaisir, c'est-à-dire le droit de jouir sans se soucier des conséquences que mon plaisir peut avoir pour les autres (ou certains autres).

Le droit au repos est par exemple clairement affirmé dans les Dix Commandements. Le Seigneur n'exige pas de ses fidèles qu'ils consacrent tout leur temps et tous leurs efforts à son service et au travail qu'il leur impose. Bien au contraire : il donne aux humains non seulement le droit, mais le devoir de se reposer.

Loin de les condamner à travailler sans relâche, il leur dit : *Tu travailleras six jours, et tu feras tout ton ouvrage, mais le septième jour est le sabbat* (c'est à dire, le repos de l'Eternel). *Tu ne feras aucun ouvrage, ni toi, ni ton fils, ni ta fille, ni ta servante, ni l'étranger qui est dans tes portes.*

Le doute n'est pas permis : le repos des travailleurs est voulu et béni par Dieu. Et si dans son temps de repos, le travailleur n'avait droit à aucune détente et à aucune distraction, il serait menacé par l'ennui ou la dépression. Il est normal et juste qu'il puisse profiter de ce temps libre pour faire ce qui lui est agréable et qui lui fait du bien.

Que nous dit la Bible au sujet du plaisir ?

Tout d'abord, que ce n'est pas dans les plaisirs que se situe les plus grands dangers pour la foi, mais bien davantage dans l'orgueil de l'homme, qui croit pouvoir assurer son existence par ses seuls efforts et en particulier par sa piété d'une part, et par son travail de l'autre.

En effet, l'orgueil, la prétention de l'être humain à se suffire à lui-même, à bâtir sa vie selon sa seule volonté et par ses seuls efforts, autrement dit, à ne rien devoir à personne qu'à lui-même, est un danger plus sérieux que la recherche de plaisirs, même si ce dernier danger existe.

L'exemple de l'apôtre Paul est révélateur à ce sujet. Avant sa rencontre avec le Seigneur Jésus, Saul de Tarse, en bon pharisien, avait le souci constant de savoir ce que Dieu approuvait et ce qu'il condamnait. Sa vie était encadrée par un ensemble de lois et de prescriptions. Il était davantage dirigée par la crainte de mal faire que par le désir de plaire à Dieu, autrement dit, par l'amour.

Sa conversion à Jésus-Christ l'a libéré de la peur onstante de tomber sous le jugement de Dieu en franchissant la limite qui sépare ce qui est permis de ce qui est défendu. Il est même allé jusqu'à écrire : *tout est permis*.

Mais il ne voyait pas là une autorisation de faire n'importe quoi, car ce que Dieu lui demandait n'était pas arbitraire et encore moins nocif. Le Seigneur lui permettrait de discerner ce qui était utile et ce qui ne l'était pas, autrement dit ce qui risquait de faire du mal aux autres.

Une invitation à la joie, mais aussi un appel au discernement

Ce qui doit guider notre comportement, ce n'est pas la peur de mal faire, mais le désir de faire du bien, d'être utile aux autres. La vie chrétienne est éclairée par l'amour que Dieu nous donne et celui qu'il attend de nous.

La clef d'une bonne obéissance à la volonté de Dieu n'est pas la peur d'être rejeté, mais la confiance que la volonté de Dieu est bonne, agréable et parfaite.

C'est une invitation à la joie que Dieu nous fait entendre dans l'Écriture, mais c'est, dans le même temps, un appel au discernement.

L'arrachement aux plaisirs représente un danger

Certains plaisirs risquent de devenir pour nous une idole en créant des besoins, si bien qu'on ne peut plus s'en passer. Il en résulte une dépendance.

D'autres plaisirs représentent une menace pour la santé de celui qui s'y adonne. On peut alors parler de drogues.

L'alcool est sans doute le cas le plus fréquent dans les pays occidentaux (tandis qu'ailleurs ce pourra être l'opium). On peut également citer le tabac dont le caractère de drogue a longtemps été contesté, mais est aujourd'hui reconnu.

Le danger associé à certains plaisirs ne menace pas seulement celui qui s'y adonne, mais aussi certaines autres personnes qui lui sont proches. La phrase bien connue, *quand les parents boivent, les enfants trinquent,* en est une bonne illustration.

Le jeu (en tous cas les jeux d'argent) peuvent aussi devenir des drogues, dès le moment où on en attend une vie nouvelle, plus libre, plus belle, plus désirable. Ce n'est pas seulement vrai des jeux d'argent. On rencontre trop de personnes dont les relations conjugales ou familiales sont perturbées par un trop grand attachement à une activité de plaisir. C'est particulièrement vrai dans le cas du sport, qui exige souvent qu'on y consacre beaucoup de temps pour s'entraîner.

D'autres activités de loisirs comme les jeux de société peuvent aussi avoir pour conséquence d'affaiblir certains liens sociaux dans la mesure où ils exigent beaucoup de temps et réduisent celui qui est consacré aux proches. Mais ne peut-on en dire autant du travail ou de l'argent ?

PARAÎTRE

LE CONFORMISME : PARAÎTRE POUR ÊTRE ACCEPTÉ

La vie en société nous oblige à tenir compte des autres, à ne pas vivre comme si nous étions seuls, comme si seuls nos droits, nos intérêts et nos désirs méritaient considération. Cela nous oblige à tenir compte des droits et des besoins des autres, mais aussi de leurs opinions. Cela se justifie si notre motif est de les comprendre, de les respecter (ce qui ne signifie pas y adhérer), de ne pas chercher à les ridiculiser.

Il est normal que chacun cherche à se mettre en valeur aux yeux des autres, à faire bonne figure, à être reconnu, respecté, et par conséquent à éviter le mépris, qui peut conduire au rejet, à l'exclusion. Notre rôle social constitue une part importante de notre identité : rôle de mari, de femme, de parent, de citoyen, de travailleur selon l'emploi occupé, rôle de supérieur ou de subordonné, etc.

Toutes les société humaines sont portées à favoriser ceux qui se conforment aux idées reçues et aux comportements généralement acceptés sinon recommandés. Parallèlement, ceux qui s'écartent de ce modèle sont objets de méfiance ou même de rejet.

L'image que nous avons de nous-mêmes dépend en grande partie de l'image que les autres ont de nous et qu'ils nous renvoient. Nous ne pouvons donc faire fi des normes sociales du groupe auquel nous appartenons.

On ne doit pas condamner de façon absolue le souci de garder les apparences, qui nous permettent d'être acceptés et de bénéficier de la considération d'autrui.

En effet, les « bonnes manières » sont celles qui ne sont pas désagréables aux autres, comme la politesse ou les égards dont le but est d'éviter ce qui blesse ou indispose le prochain.

Ainsi par exemple, la propreté corporelle n'est pas seulement une question d'apparence, mais une nécessité de la vie sociale. Il suffit, pour le comprendre, de passer un long moment dans la proximité d'une personne qui dégage une odeur insupportable, comme cela m'est arrivé parfois dans le métro à Paris.

De la même façon, un langage ordurier, agressif, peut entraîner la rupture d'une relation d'amitié, tout comme à l'inverse un discours hermétique émaillé de jargon ou un langage précieux riche en mots savants, crée une barrière qui exclut ceux qui ne les maîtrisent pas.

Le souci de paraître fait partie de notre existence sociale. En effet, le respect du prochain nous demande souvent de prendre en compte les apparences, afin de faciliter les bonnes relations avec les autres. Le *monde*, c'est-à-dire la majorité des humains, est ainsi souvent porté à juger selon sur les apparences.

Le conformisme

Malheureusement, ce souci de garder les apparences est source de réels dangers. Le plus évident est sans doute le recours à l'hypocrisie dans les relations avec nos prochains. Sa racine n'est autre que l'obligation de nous défendre du jugement de ceux qui nous entourent.

Ce n'est pas sans raison que la peur du jugement d'autrui est pour beaucoup un puissant motif de comportement. Nous apprenons vite que nos semblables sont des juges redoutables. Gare à quiconque se permet de bafouer les usages universellement admis et qu'il convient donc de respecter. L'important est de ne pas faire de vagues, de ne donner aucune prise à la critique.

Il s'ensuit qu'un certain conformisme est souvent nécessaire pour qu'un groupe, une communauté, garde une bonne cohérence. Les déviants menacent la cohésion du groupe. Ils sont donc l'objet de soupçons ou même de mépris.

C'est ce qui explique que la plupart des humains ont le souci de ne pas tomber sous le jugement de la majorité. A cet effet, ils veillent à ne pas se montrer trop différents du modèle communément accepté.

La littérature nous en donne quelques exemples. Ainsi Marcel Aymé nous dit d'un de ses personnages : *Madame Duperrier était une excellente femme, d'une piété distinguée, et qui avait de la décence dans les moeurs, mais la vanité des choses terrestres ne lui apparaissait pas encore, Elle croyait qu'il vaut mieux être bien vu de sa concierge que de son créateur.*

Ce n'est pas là un cas isolé. Albert Camus écrit dans son livre « La chute » : *Pour le jugement aujourd'hui, nous sommes toujours prêts... Si vous en doutez, prêtez l'oreille aux propos de table, pendant le mois d'août dans ces hôtels de villégiature où nos charitables compatriotes viennent faire leur cure d'ennui. Ou observez votre propre famille, vous serez édifié. Mon cher ami, ne leur donnons pas de prétexte à nous juger, si peu que ce soit ! Ou sinon, nous voilà en pièces. Nous sommes obligés aux mêmes prudences que le dompteur. S'il a le malheur, avant d'entrer dans la cage, de se couper avec son rasoir, quel gueuleton pour les fauves !*

Le poids du conformisme

Tous, plus ou moins consciemment, nous sommes portés à jouer un rôle en société, à nous construire un personnage respectable, digne de la considération d'autrui. De quoi vais-je avoir l'air si je ne me conforme pas à ce que les autres tiennent pour normal ?

Très souvent l'éducation reçue dès l'enfance encourage ce penchant. C'est ainsi qu'une femme, évoquant l'éducation qu'elle a reçue, la décrit comme étant *toute d'apparence convenant aux parfaites femmes du monde que nous étions censées devenir,* tandis qu'une autre témoigne : *On nous apprenait à avoir l'air. C'était l'unique sujet de préoccupation de nos maîtresses* (à l'école).

Le souci de paraître est généralement lié à la peur d'être rejeté ou tout au moins méprisé par ceux dont l'opinion nous importe. Ce qui nous pousse à nous soucier des apparences, souvent même jusqu'à tomber dans l'hypocrisie, c'est que la confiance est un élément essentiel des bonnes relations entre les humains. Il est douloureux de vivre dans la peur du jugement des autres, d'être obligé de se méfier des autres, donc de devoir sans cesse se défendre d'eux. Comme le dit la sagesse populaire : *Il faut venter du vent qui* vente, autrement dit aller dans le sens du plus grand nombre, ne pas se singulariser, car cela nous ferait mal voir, ou risquer d'être exclus ou pénalisés.

Il se produit comme une imprégnation : des modèles s'imposent à nous sans que nous soyons conscients d'y adhérer. La vie sociale nous porte à favoriser ceux qui se conforment aux usages approuvés par la société, autrement dit elle constitue un encouragement au conformisme.

Malheureusement, ce besoin d'être reconnu, et si possible admiré, en vient à affaiblir la conscience. Il suscite le tolérance (sinon l'approbation) à l'égard de comportements jusque-là jugés mauvais ou dangereux.

Le danger qui menace le disciple du Christ est celui de cacher ses véritables convictions pour être bien vu. Le courage de ses opinions risque d'entraîner une perte de considération.

Les disciples de Jésus sont pourtant appelés à suivre l'exemple et l'enseignement de leur maître et non les idées reçues et les pratiques du monde dans lequel ils vivent. En cela, ils s'écartent souvent des idées reçues. Ils risquent donc d'être mal compris par la majorité de leurs contemporains.

C'est la peur d'être jugé, qui a poussé l'apôtre Pierre à renier Jésus (Matthieu 26.69-75) et à refuser de partager les repas des païens à Antioche (Galates 11.14). Paul reproche quant à lui aux Galates de se laisser troubler par des ennemis de l'Évangile du Christ (Galates 6.10).

On ne peut manquer d'être frappé, en lisant les évangiles, de la sévérité de Jésus à l'égard des pharisiens. Parmi les reproches qu'il leur adresse, il y a celui de trop se préoccuper de ce que les autres pensent d'eux. Jésus en effet leur dit, en Matthieu 23 : *Malheur à vous, scribes et pharisiens hypocrites, parce que vous purifiez le dehors de la coupe et du plat, sépulcres blanchis, qui paraissent beaux au dehors, et qui, au dedans, sont pleins d'ossements de mort et de toute espèce d'impuretés.*

La même fierté se retrouve aussi dans les Églises et peut-être surtout dans les Églises minoritaires, particulièrement soucieuses de garder leur pureté et de ne pas céder aux sirènes du « monde ».

Le souci de paraître et d'être bien considéré ne se limite pas aux choses extérieures, à ce qui est visible, aux comportements. Il concerne aussi les idées. Certes il est généralement prudent de se conformer aux opinions et usages en vigueur, même quand on n'est pas convaincu qu'ils soient justes.

Malheureusement, tout au long des siècles, un grand nombre de chrétiens, par peur d'être mal jugés, rejetés, parce que leur manière de vivre était perçue comme un jugement contre les idées et les pratiques communément admises dans le monde du moment, ont cédé à la tentation du conformisme ambiant.

Très souvent cette pression sociale ne s'affiche pas ouvertement, mais la mentalité qu'elle suscite impose à chacun des critères de choix et de jugement. Les idées dominantes et les modèles de comportement circulent partout, dans les conversations, les écrits, la radio, et peut-être surtout la publicité, qui est certainement une des principales forces qui contribuent à imposer ces modèles, même si elle n'est pas la seule. Nous en venons ainsi à subir un véritable conditionnement.

Le sociologue américain David Riesman décrit l'homme moderne comme quelqu'un qui est dirigé du dehors. Il a comme des antennes qui le rendent extrêmement sensible à ce qui se dit ou se fait autour de lui. Avant toute décision, on est tenu de se demander : qu'est-ce que les autres (les voisins, les amis, les collègues) vont penser ?

On veille donc à se soumettre aux impératifs que nous impose l'opinion dominante, principalement en ce qui concerne ce qui se voit. Suivre la mode est une obligation incontournable. On peut remarquer à ce sujet qu'il n'y a qu'une lettre de différence entre mode et monde.

Une autre conséquence de la soumission aux apparences se voit dans la partialité des jugements portés sur nos prochains et la société. La Fontaine conclut une de ses fables par ces mots : *Selon que vous serez puissant ou misérable, les jugements de cour vous rendront blanc ou noir.* Trop souvent en effet les jugements humains sont influencés par des préjugés ou des idées toutes faites. Il est plus facile, plus rapide, de juger les gens sur la mine, que de chercher à voir au-delà des apparences, mais c'est là une source de malentendus et d'injustices.

Celui qui ne sait pas dissimuler, se mettre en valeur ou que sa situation sociale handicape aux yeux des autres est souvent l'objet d'un jugement négatif, d'une discrimination.

L'hypocrisie

Ce souci de paraître a pour but de favoriser les bonnes relations, mais il produit souvent l'effet inverse. Il suscite les soupçons et dresse des barrières entre les uns et les autres. Trop souvent même, il encourage l'hypocrisie.

Par crainte d'être mal jugés, peut-être même exclus du groupe auquel nous appartenons, nous sommes tentés de tomber dans le mensonge et l'hypocrisie, en adoptant des comportements contraires à nos convictions et en nous poussant à agir d'une manière que nous condamnons chez les autres. La prudence se mue facilement en duplicité. A ce jeu-là, il y a beaucoup de perdants.

Romain Rolland l'a bien dit dans son roman, « Jean Christophe : *Les hommes sont facilement dupes de ce qui flatte leur orgueil et leurs désirs*. C'est ainsi que la flatterie est une arme redoutable. La Fontaine l'a bien illustré dans sa fable « Le corbeau et le renard ». La flatterie est une arme redoutable, un des plus sûrs moyens de tromper autrui.

L'hypocrisie se manifeste donc par des attitudes, des paroles ou des comportements contraires à nos convictions et qui visent à donner une image de nous-mêmes plus flatteuse que la réalité ne le justifierait.

L'hypocrite était à l'origine un acteur qui, sur scène, portait un masque dissimulant son vrai visage et lui donnant une apparence correspondant au rôle qu'il jouait. L'hypocrite est donc celui qui joue un rôle devant les autres, qui porte un masque pour dissimuler sa véritable personne.

Dans son livre, « Le personnage ou la personne », le Docteur Paul Tournier rapporte ce qui l'a frappé dans une réception mondaine : *Sous les révérences et les sourires, sous les paroles aimables et les mots d'esprit, les phrases les plus banales et jusque dans les silences, chacun jouait un partie serrée. Chacun avait ses arrières-pensées, ses intentions secrètes, chacun cherchait à démasquer l'autre, à lui cacher son jeu. Toujours ce sentiment pénible de rencontrer non pas un homme, mais un personnage en train de jouer un rôle.*

Ce souci de paraître, de se défendre des critiques en jouant un rôle, a pour but de faciliter, les relations avec autrui. Malheureusement, cela nous amène à éprouver le sentiment pénible de rencontrer non pas des hommes, mais des personnages plus ou moins factices et d'être pris nous-même dans ce jeu, de ne pas arriver à être spontané, simple et vrai.

Le remède à ce besoin de paraître, et donc d'être bien considéré, nous est donné par le Seigneur Jésus lui-même, non seulement par son enseignement, mais aussi et surtout par son exemple. Jésus, le Seigneur, a choisi de vivre au milieu des hommes comme un serviteur.

C'est ainsi que l'apôtre Paul écrit, dans sa lettre aux Philippiens : *Lui qui existait en forme de Dieu, n'a pas estimé comme un proie à arracher d'être égal avec Dieu, mais s'est dépouillé lui-même en prenant la condition d'esclave et en devenant semblable aux hommes* (Philippiens 2.6).

En agissant ainsi, Jésus prend le contre pied du comportement habituel de la plupart des humains. Leur souci premier n'est pas de servir, mais de se faire servir, en étant reconnus dignes non seulement de l'admiration des autres, mais aussi de leur soumission.

PARAÎTRE POUR ÊTRE ADMIRÉ : LE SNOBISME ET LE PHARISAÏSME

Le besoin de mettre en évidence son statut social, d'étaler sa supériorité concerne bien entendu ce qui se voit, ce qui frappe les yeux (ou les oreilles : la façon de parler, le vocabulaire, l'accent). Le genre de vie aussi fait partie des signes de distinction sociale.

Le snobisme

Si le souci de paraître a souvent sa racine dans le désir de faire comme tout le monde, il peut aussi, à l'inverse, nous pousser à nous distinguer du commun des mortels et à rechercher l'admiration d'autrui, et les avantages qu'il est possible d'en tirer.

Il indique alors une volonté d'affirmer une supériorité, de se mettre en valeur en se distinguant des autres. Certaines façons de faire ou de parler, certains comportements, mais aussi certains objets, certains loisirs sont des indicateurs de statut, des supports de distinction sociale. Ils nous permettent donc d'affirmer notre valeur dans l'échelle sociale, une valeur que d'autres ne peuvent revendiquer.

Parlant du XIXe siècle, Katherine Blunder évoque les personnes qui *refusent ce qui est désiré pour mieux acheter ce qui est socialement désirable*, règle numéro un du jeu des apparences sur lequel est basée l'échelle sociale…

Parallèlement, Anne-Martin Fugier, dans son livre « Le temps des soubrettes », souligne *qu'il ne viendrait pas à l'idée d'une famille bourgeoise, pour rétablir son équilibre budgétaire, de réduire son personnel domestique. Celui-ci appartient en effet non pas au superflu, mais au nécessaire. L'apparence,* dit-elle, *est de l'ordre de la nécessité.*

Si la prudence conseille souvent de se conformer aux idées reçues, beaucoup d'entre nous ne peuvent se contenter d'être acceptés ou tolérés. Leur ambition est d'être admirés, de faire partie d'une élite.

L'écrivain américain Tom Wolfe, parlant de ses études dans de grandes universités, déclare : *Tout a tourné autour d'un axe : l'accès à un statut. Et comment un être peut renier sa propre éthique sous la pression.*

Dans un article du Nouvel Observateur, Didier Fassin écrit : *Qu'est-ce qu'un campus américain ? C'est à la fois le lieu de l'excellence américaine, le véritable secret de la suprématie du pays, et un rouage essentiel de la reproduction sociale.*

Il y a des modes de pensée, des courants d'opinion qui sont indicatifs de l'appartenance à une élite. Il suffit parfois d'employer tels mot à la mode ou de citer tel nom de penseur admiré pour qu'on vous tienne pour membre d'une élite.

Ce besoin d'être accepté, ou mieux, admiré, se retrouve dans tous les pays et à toutes les époques. Chacun peut constater la place considérable qu'occupent dans les journaux et magazines les articles et les publicités présentant des vêtements, produits de beauté, parfums, voitures, etc. en soulignant non pas qu'ils répondent à un besoin, mais qu'ils mettent en valeur ceux qui les achètent.

La beauté, la jeunesse, l'élégance sont (surtout, mais pas uniquement, pour les femmes) des impératifs absolus, des signes de réussite. J'ai été frappé il y a quelques décennies par des publicités pour des automobiles qui parlaient beaucoup moins des qualités routières ou du confort des voitures que du standing qu'elles donnaient à leur propriétaire. Leur message se résume en l'idée que si vous roulez dans une aussi belle voiture, c'est que vous êtes quelqu'un de supérieur, vous faites partie d'une élite.

Le besoin de paraître, de se défendre en jouant un rôle a pour but de faciliter les bonnes relations. Mais il produit souvent l'effet inverse. Il pousse à l'hypocrisie, et en vient à affaiblir la confiance. Le souci de paraître peut aussi se manifester par le désir d'être reconnu comme faisant partie de la caste des justes, des nobles, de ceux qui sont à la page.

Le prophète Esaïe se faisait ainsi le porte parole de Dieu, s'indignant du comportement des femmes aisées de Jérusalem : *L'Éternel dit : Parce que les filles de Sion sont orgueilleuses, et qu'elles marchent le cou tendu et les regards effrontés, parce qu'elles vont à petits pas et qu'elles font résonner les anneaux de leur pieds, le Seigneur rendra chauve le crâne des filles de Sion, l'Eternel découvrira leur nudité. En ce jour, le Seigneur ôtera toute parure...*(Esaïe 3.16-18).

Les modèles qui entraînent des jugements conformes aux apparences se font sentir non seulement dans la domaine de la morale, mais aussi dans celui du langage, du vêtement, des distractions et des fréquentations. En ce qui concerne le langage, il y a des mots, des expressions, mais aussi des formes grammaticales, comme l'imparfait du subjonctif, qui classent ceux qui les utilisent comme des membres d'une élite.

Au XVIIe siècle, certaines femmes de la bonne société, s'efforçaient de susciter l'admiration des gens importants par leur langage, ou leurs manières d'être. On les appelait les « précieuses ». Molière s'en moque dans sa comédie « Les précieuses ridicules ».

Aujourd'hui encore il est de bon ton dans certains milieux, de préférer un langage châtié, qui vous désigne comme membres d'une élite. A l'inverse, d'autres désirent se solidariser avec le *peuple*. Leur manière de parler cherche plutôt à imiter celle commune au peuple. Ils ne craignent pas alors à faire appel à l'argot pour souligner leur refus du snobisme qui a cours dans les classes aisées.

Le rejet de la foi chrétienne

Aux XIXe et XXe siècles, il était le plus souvent de bon ton d'avoir de la religion, et donc de faire partie des gens pieux, qui étaient aussi considérés comme des gens bien, donc dignes de respect, sinon d'admiration. Mais un courant contraire s'est aussi manifesté depuis le XVIIIe siècle, avec des auteurs comme Diderot ou Voltaire.

Aujourd'hui, dans un pays laïc comme la France, qui a opté pour une séparation des Églises et de l'État, le conformisme risque de se manifester au détriment de la foi chrétienne. Il faut généralement plus de courage pour confesser sa foi en Christ que pour s'avouer incroyant.

Il n'est pas rare de discerner chez certains de nos concitoyens la satisfaction, et même la fierté, de ne pas être comme ces chrétiens bornés et rigides. Même si elle n'est pas audible, la prière du pharisien, *je te loue de ce que je ne suis pas comme le reste des hommes*, est toujours d'actualité. Pour beaucoup, le reste des hommes ainsi méprisé, ce sont les chrétiens.

Le pharisaïsme

Il faut reconnaître que les pratiques religieuses sont souvent un terrain favorable à l'hypocrisie. Molière ne s'est pas trompé en dénonçant avec force cette fausse piété dans le personnage de Tartuffe.

L'exemple le plus frappant est, dans l'Evangile selon Luc, la parabole du pharisien et du publicain. Le pharisien debout (pour que chacun puisse le voir), déclare : « *O Dieu, je te rends grâces de ce que je ne suis pas comme le reste des hommes...ni même comme ce publicain...* » (Luc 18.9-14). Pour bien affirmer sa vertu, il a besoin d'un repoussoir et il n'a aucun mal à le trouver dans la personne du mauvais Juif qu'est le publicain, collaborateur des Romains, donc porté à prendre quelques libertés avec la loi divine.

L'épître de Jacques s'élève contre une forme de discrimination qui est de tous les temps : *Mes frères, vous qui mettez votre foi en notre glorieux Seigneur, Jésus-Christ, vous ne devez pas en même temps agir avec partialité à l'égard des autres. Supposez ceci ; un homme riche, portant un anneau d'or et des vêtements magnifiques entre dans votre assemblée ; un pauvre homme aux vêtements usés y entre aussi. Vous manifestez alors un respect particulier pour l'homme magnifiquement vêtu et vous lui dites : « Veuillez vous asseoir ici à cette place d'honneur », mais vous dites au pauvre : « Toi, reste debout, ou assieds-toi par terre à mes pieds». Si tel est le cas, vous faîtes des distinctions entre vous et vous portez des jugements fondés sur de mauvaises raisons* (Jacques 2.1-4).

En nous révélant, dans l'Evangile, la grâce de Dieu offerte à tous, Jésus nous délivre du besoin de mettre en avant nos bonnes œuvres ou notre piété, donc aussi de nous comparer aux autres (et surtout aux moins fidèles), pour que notre justice et notre piété soient reconnues de tous. C'est ainsi que Jésus nous offre la liberté d'être vrais, libérés du besoin de paraître.

LA GRÂCE DE DIEU, SOURCE DE LIBERTÉ

La seule vraie réponse au danger de soumission aux jugements des hommes est dans la foi au Dieu de la grâce et à l'Evangile du salut par grâce. Ce qui nous sauve et nous fait vivre, ce n'est pas ce que nous faisons pour Dieu, mais ce que lui a fait pour nous, en nous donnant Jésus-Christ et en nous accueillant comme ses enfants.

Vous êtes tous fils de Dieu par la foi en Jésus-Christ (Galates 3.26). Par la foi en Jésus-Christ, et non par notre fidélité, par notre zèle, par notre bonne doctrine et, surtout pas par notre supériorité sur tel ou tel autre.

Une telle assurance nous libère du besoin de mettre en avant ce qui pourrait nous justifier en nous distinguant des autres (ou de certains autres), à l'image du pharisien qui se compare au publicain dans la parabole de l'Evangile de Luc (18.9-14).

Le meilleur d'entre nous est un pécheur pardonné, accueilli par la grâce du Seigneur et, en aucun façon, un exemple parfait de sainteté.

Cependant, nous dit l'apôtre Paul, il est *appelé à être saint* (Romains 1.7) ou mieux, comme le dit une autre traduction, *appelé à appartenir à Dieu* et donc à vivre pour lui.

Cette vocation est donc aussi un appel à vivre d'une manière nouvelle. C'est là un message que le Seigneur Jésus a donné à ses disciples et qu'ils ont ensuite transmis aux chrétiens : l'invitation à être des non-conformistes, qui ne se résignent pas aux erreurs, aux injustices et aux folies du monde, mais des non-conformistes transformés par l'amour du Christ, rendus capables, en particulier, de refuser la violence et d'aimer ceux qui leur font du mal, selon l'enseignement de Jésus (Matthieu 5.43-48).

Le chrétien est donc un apprenti de l'amour. Cet apprentissage a deux côtés : le premier consiste à renoncer à tout ce qui est contraire à la volonté de Dieu, c'est-à-dire à l'égoïsme, à la violence, au mensonge,. Le second consiste à recevoir du Seigneur le discernement, qui délivre des aveuglements dus au péché, mais aussi la force de mettre en pratique, dans le vie quotidienne comme dans les moments difficiles, l'amour que Jésus nous commande. Un tel amour n'est pas un simple sentiment. Il est une force, qui engage le discernement et la volonté.

Le pasteur Martin Luther King a bien exprimé, dans le titre d'un ouvrage où il expose ses convictions : « La force d'aimer ». Cette force l'a amené à prendre la tête d'un mouvement en faveur de l'égalité raciale et donc de lutter contre les mensonges, les violences et les injustices qui faisaient d'une partie de la population du pays, les noirs, des parias, privés de droits civiques, pauvres et exclus. Son courage non-conformiste lui a coûté la vie, mais son exemple et son message restent des forces pour le monde entier.